KB253081

韓中수교 20년

(1992-2012)

韓中수교 20년

(1992-2012)

공봉진 · 최낙창 · 이상숙
박미정 · 이강인 · 오혜정 지음

KSI 한국학술정보[주]

1992.8.24.

"아름다운 우정, 행복한 동행"

이 말은 2012년 한중수교 20년을 맞이하면서 양국이 내건 슬로건이다. 앞으로 계속해서 양국 간에 우호적 관계를 유지하자는 의미를 담고 있다고 하겠다.

지난 1992년 8월 24일 한국과 중국이 수교를 맺음으로써 양국은 포괄적으로 두 나라를 인정한 셈이 되었다. 물론 1983년 민항기 사건 이후 양국 간에 공식적인 국호를 사용하고 있기는 하지만, 당시만 해도 한국인들의 인식 속에 중국은 여전히 중국공산당, 즉 중공이었다. 노태우 대통령의 북방정책과 맞물려 우리나라와 중국 간의 통상교류는 더욱 활발해졌다. 우리나라가 중국을 하나의 국가로 인정한 것은 1992년 한중수교 이후라고 해도 과언은 아니다.

수교 직후만 하더라도 중국에 대한 한국의 인식은 매우 단편적이었다. 그리고 중국에 대해 깊이 있게 알려고 하지 않았다. 그저 이쑤시개를 팔면 중국 인구 숫자만큼 팔 수 있다는 인식 정도였다. 당시 중국이 어떤 방향으로 나아갈지, 그리고 중국인과 중국문화에 대해서도 잘 알지 못하고 있었다. 그래서 당시에 출간된 중국에 관한 책들을 보면 대체로 중국이라는 나라를 소개하는 정도에 지나지 않았고, 책 내용도 다양하지 못하였다.

　그 이후 중국 경제가 급속도로 발전하고 중국 사회변화도 급격하게 이루어짐에 따라 중국에 대해 알아야 할 분야도 매우 많아졌다. 단순히 중국어를 익히고, 중국이라는 나라를 수박겉핥기식으로 아는 시대는 이미 지났다. 중국 정치·정책·법규·경제·통상·사회 등 전 분야에 대해 깊이 있는 지식을 요구하는 시대가 도래하였고, 중국이라는 국가단위로서가 아닌 중국 각 지역에 대해 알아야 하는 시대가 왔다.

　21세기 중국은 이미 과거의 '잠자는 중국', '죽의장막' 등으로 불리는 나라가 아니라, 세계 경제를 이끌고 있는 나라가 되었다. 그래서 'G2' 혹은 '차이메리카'라는 칭호를 얻게 되었고, 중국경제가 흔들리면 전 세계가 흔들리는 정도의 위치까지 올라섰다.

　역사적으로 중국은 1950년 6·25전쟁 참전으로 한국과의 관계가 단절되었다. 이러한 양국의 역사적 문제는 현재 매우 심각하다. 특히 중국은 중화민족주의적 역사관으로 인해 한국의 역사와 문화를 침해하고 있을 뿐만 아니라 슬그머니 빼앗고 있다. 이와 같은 중국의 일련의 정책과 태도에 대해 대한민국 정부와 많은 학자들은 안일한 대처와 근시안적 태도를 갖고 있었다. 그러다보니 중국은 이러한 기회를 틈타 기존의 한국역사 중 많은 부분을 중국의 역사로 소개하고 있다.

이러한 역사적 문제를 대할 때면 한중 관계는 영원히 평행선을 달릴 것만 같은데, 한류라는 한국 대중문화의 붐은 중국에서 '한국 알기' 붐이 일어나도록 하였고, 많은 학생들이 한국으로 유학과 취업 등을 하기 위해 오고 있다.

최근에 한중 양국 간의 교류가 활발해지고 있다. 중국에서는 한국어와 한국문화를 배우기 위한 붐이 계속해서 일고 있고, 중국관광객들이 한국으로 몰려오고 있다. 한국에서는 공자학원과 공자학당이 계속해서 늘어나고 있다.

양국 간의 민간교류가 활발하게 이루어지고 있지만, 중국의 중화민족주의적인 행태와 자국 이익 중심의 행동으로 인해 양국 관계는 우호적이지는 못하다. 그래서 우리는 중국을 냉철하게 바라보아야 할 것이다.

이 책은 한중수교 20년을 맞이하면서 한중수교과정을 통시적으로 소개하고 있다. 그리고 수교 이후의 양국 간의 정치외교, 경제통상, 동북공정 등의 역사문제, 한류 등의 문화교류 등을 주제별로 정리하였다. 제1장에서는 한중수교 이전의 한중관계를 소개하였고, 제2장에서는 한중수교 이후의 양국 교류 관계를 간략하게 소개하였다. 제3장에서는 한중수교 이후의 정치외교적 성과와 갈등 및 한반도의 미래를 살펴보았고, 제4장에서는 한중 경제 통상을 소개하면서, 최근의 FTA 협상의 주요 내용도 소개하였다. 제5장에서는 한중관계사와 중국의 동북공정을 통한 역사왜곡에 대해서 소개하였으며, 제6장에서는 한중 문화교류의 현황과 특징을 소개하였다.

  마지막으로 이 책이 출간되도록 도와준 한국학술정보(주), 실무를 맡으신 분들께 감사드린다.

2012. 10. 1.

CONTENTS

한중 외교관계 수립에 관한 공동 성명(1992.8.24.)

1. 대한민국 정부와 중화인민공화국 정부는 양국 국민의 이익과 염원에 부응하여 1992년 8월 24일자로 상호 승인하고 대사급 외교관계를 수립하기로 결정하였다.
2. 대한민국 정부와 중화인민공화국 정부는 유엔헌장의 원칙들과 주권 등 영토보전의 상호존중, 상호 불가침, 상호 내정불간섭, 평등과 호혜, 그리고 평화공존의 원칙에 입각하여 항구적인 선린우호협력 관계를 발전시켜 나갈 것에 합의한다.
3. 대한민국 정부는 중화인민공화국 정부를 중국의 유일 합법정부로 승인하며, 오직 하나의 중국만이 있고 대만은 중국의 일부분이라는 중국의 입장을 존중한다.
4. 대한민국 정부와 중화인민공화국 정부는 양국 간의 수교가 한반도 정세의 완화와 안정, 그리고 아시아의 평화와 안정에 기여할 것으로 확신한다.
5. 중화인민공화국 정부는 한반도가 조기에 평화적으로 통일되는 것이 한민족의 염원임을 존중하고, 한반도가 한민족에 의해 평화적으로 통일되는 것을 지지한다.
6. 대한민국 정부와 중화인민공화국 정부는 1961년의 외교관계에 관한 비엔나 협약에 따라 각자의 수도에 상대방의 대사관 개설과 공무수행에 필요한 모든 지원을 제공하고 빠른 시일 내에 대사를 상호 교환하기로 합의한다.

1992년 8월 24일 북경

대한민국 정부를 대표하여   중화인민공화국 정부를 대표하여
이 상 옥   錢 基 琛

- 1992년 수교 당시 : 우호협력관계
- 1998년 8월 김대중 대통령 중국 방문 시 : 장기적인 양국관계 발전목
  표로서 '21세기 한중 협력 동반자 관계'를 구축기로 합의
- 2000년 10월 주룽지(朱鎔基) 총리 방한 시 : '한중 협력 동반자 관계'
  를 '전면적 협력의 새로운 단계'로 발전시키기로 합의
- 2003년 7월 노무현 대통령의 중국방문을 계기로 '전면적 협력 동반자
  관계'로 격상
- 2008년 5월 27일 '전략적 협력 동반자 관계'로 발전

* 경제통상, 인적교류 등
1992년 수교 당시 양국 간 교역액 64억 달러, 상호방문자 수 13만 명
2011년에 양국 교역액 2,206억 달러, 상호방문자 수 641만 명

제1장

한중수교 이전의 한중관계

공 봉 진[*]

1. 들어가는 말
2. 한중수교 이전의 양국 교류
3. 한국에서의 한중수교 배경
4. 중국의 한중수교 배경: 덩샤오핑의 구상
5. 한중수교 회담 과정
6. 나오는 말

[*] 부산외국어대학교 중국어학부 외래교수

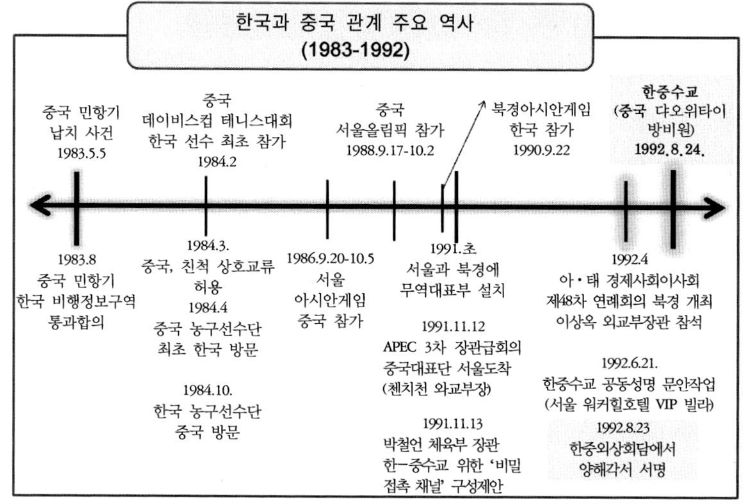
한국과 중국 관계 주요 역사
(1983-1992)
중국 민항기
납치 사건
1983.5.5
중국
데이비스컵 테니스대회
한국 선수 최초 참가
1984.2
중국
서울올림픽 참가
1988.9.17-10.2
북경아시안게임
한국 참가
1990.9.22
한중수교
(중국 댜오위타이
방비원)
1992.8.24.
1983.8
중국 민항기
한국 비행정보구역
통과합의
1984.3.
중국, 친척 상호교류
허용
1984.4
중국 농구선수단
최초 한국 방문
1984.10.
한국 농구선수단
중국 방문
1986.9.20-10.5
서울
아시안게임
중국 참가
1991.초
서울과 북경에
무역대표부 설치
1991.11.12
APEC 3차 장관급회의
중국대표단 서울도착
(첸치천 와교부장)
1991.11.13
박철언 체육부 장관
한—중수교 위한 '비밀
접촉 채널' 구성제안
1992.4
아·태 경제사회이사회
제48차 연례회의 북경 개최
이상옥 외교부장관 참석
1992.6.21.
한중수교 공동성명 문안작업
(서울 워커힐호텔 VIP 빌라)
1992.8.23
한중외상회담에서
양해각서 서명

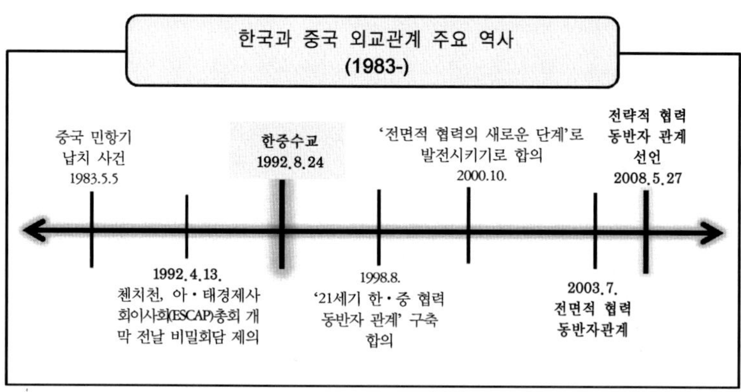
한국과 중국 외교관계 주요 역사
(1983-)
중국 민항기
납치 사건
1983.5.5
한중수교
1992.8.24
'전면적 협력의 새로운 단계'로
발전시키기로 합의
2000.10.
전략적 협력
동반자 관계
선언
2008.5.27
1992.4.13.
첸치천, 아·태경제사
회이사회(ESCAP)총회 개
막 전날 비밀회담 제의
1998.8.
'21세기 한·중 협력
동반자 관계' 구축
합의
2003.7.
전면적 협력
동반자관계

1. 들어가는 말

　2012년 올해는 '한중 교류의 해'이다. 이는 1992년 한중수교 20년을 기념함을 의미한다고 하겠다. 2012년 한 해 동안의 양국교류행사는 한중 양국이 앞으로도 함께 동행을 하자는 의미인 '아름다운 우정, 행복한 동행'이라는 표제로 진행된다.

　2012년 4월 3일에는 대한민국 문화체육관광부와 중국문화부가 공동으로 주최하고 해외문화홍보원이 주관하는 개막공연으로 국립중앙박물관 극장 '용'에서 한국과 중국 최고 배우들이 함께 춘향전을 공연하였다.

　지난 1992년 8월 24일, 한국과 중국 양국은 대사급 외교관계를 수립하였다. 한국은 그동안 교류를 맺던 중화민국인 대만에게 단교를 통보하였다. 그리고는 중국과 항구적인 선린 우호 협력관계를 발전시켜 나가기로 합의했다. 당시 이상옥 외무장관과 첸치천(錢其琛) 외교부장은 중국의 영빈관인 댜오위타이(釣魚臺)에서 수교협정식을 가졌다. 이때 양국은 상호 국가승인, 외교관계 수립 등 6개항을 담은 대한민국 정부와 중화인민공화국간의 외교관계 수립에 관한 공동성명에 서명했다. 공동성명에서 대한민국 정부는 중화인민공화국 정부를 중국의 유일한 합법정부로 승인하였고, '오직 하나의 중국만이 있고 대만은 중국의 일부분'이라는 중국 입장을 존중한다고 명시하였다.

한중수교 공동성명 문안작업은 1992년 6월21일 서울 워커힐호텔 VIP빌라에서 개최된 동해사업 제3차 예비회담에서 사실상 모두 타결되었다.

한중수교는 대한민국 노태우 대통령의 북방정책이라는 전략구상과 중화인민공화국의 최고 실권자였던 덩샤오핑(鄧小平)의 구상 및 중국의 개혁개방이후 경제발전을 우선 목표로 하는 전략에 따라 이루어졌다는 평가를 받고 있다. 이에 대한 내용은 수교 당시 한국 외무장관이었던 이상옥의 회고록인『전환기의 한국외교』(삶과꿈, 2002)와 중국 외교부장이었던 첸치천(錢其琛)의 회고록인『외교십기(外交十記)』(世界知識出版社, 2003)에 잘 나타나 있다.

특히 중국의 외교수립 배경은『외교십기(外交十記)』의 다섯 번째 항목에서 한중수교 과정을 설명하고 있다. 이 책은 2004년에『열 가지 외교 이야기』(유상철, 랜덤하우스중앙)라는 제목으로 번역되었다.

● 한국이 중국과의 외교에서 풀어야 할 과제

첫째, 탈북민 문제 / 둘째, 이어도 문제 / 셋째, 역사인식 문제

이 글에서는 한국과 중국이 외교를 수립하기까지의 양국교류, 양국 외교수립배경과 전개과정 등을 살펴본다.

2. 한중수교 이전의 양국 교류

중국은 북한과의 외교관계를 의식하여 1979년부터 1983년까지 한국과의 어떤 경제무역 관계도 금지하였다. 당시 중국 회사나 상인들

은 자사제품이나 자국 제품이 한국으로 가는 것이라면 거래하지 않았다. 뿐만 아니라 홍콩이나 일본 회사와 거래를 할 때에도 한국으로 가는 것이라면 계약하지 않는다는 입장을 고수하였다.

한국인으로서 최초로 중국방문을 한 것으로 알려진 사람은 1979년 10월 홍콩에 거주하던 '윤세화'이다. 선박업을 하고 있던 윤세화는 당시 톈진(天津) 다롄(大連)을 운항하는 선박에서 회사 선원이 부상을 당하자, 사후처리를 위해 신화통신사 홍콩지사에서 중국 방문 비자를 받았다.

그런데, 1983년 양국 간의 교류의 물꼬를 튼 사건이 발생하였다. 이른바 '중국민용항공총국(중국민항)' 소속 여객기 불시착 사건이다. 이 사건은 1983년 5월 5일 오후 2시에 발생하였다. 사건 내용을 살펴보면 다음과 같다.

5월 5일 한국시각 오전 11시 랴오닝성(遼寧省) 선양(瀋陽)의 선양동탑공항(瀋陽東塔空港)을 떠나 상하이 홍차오(虹橋) 국제공항으로 가던 중 쮜창런(卓長仁) 등 6명의 납치범들은 무장탈취하여 민항기를 대한민국으로 향할 것을 요구했다. 이를 승무원이 거부하자 납치범들은 총격을 가했고, 이로 인해 승무원 2명이 부상을 당하였다. 결국 승객 96명(납치범 6명 제외), 승무원 9명을 태운 민항기가 대한민국 춘천 '캠프 페이지(CAMP PAGE)' 미 육군 항공 기지에 불시착했다. 이때 납치범들은 중화민국 대사 면담과 중화민국으로의 정치적 망명 허용을 요청하였다. 대한민국 정부는 요구 조건을 수용할 의사가 있다고 밝혔고, 무장납치범들은 무장을 해제했다.

이 사건을 둘러싸고 한국과 중국은 피랍된 민항기와 승객과 승무원의 반환을 위한 양해각서를 체결하였다. 처음에 중국정부는 간접교섭방법을 통해 항공기와 승무원의 송환을 협상하려 했다. 하지만 사건발생 3일 만에 중국민항총국장 썬투(沈圖)와 33명의 관리 및 승무원이 직접 서울을 방문하였고, 당시 대한민국 외무부차관보였던 공로명과 협상을 벌였다. 협상 결과 9개 항에 걸친 외교각서가 서명되었다. 이 사건으로 '중화인민공화국'과 '대한민국'이라는 양국의 정식국호를 사용하게 되었다. 당시 김병연 외무부 아주(아시아)국장은 "이번 각서에서 구체적으로 양국이 국호를 정식으로 밝힌 것은 큰 역사적 의의가 있다"라고 말했다.

양국의 각서교환은 5월 10일 10시 38분에 이루어졌다. 양해각서 전문은 1983년 동아일보에 실렸다.

● 양해각서 전문

1. 1백 5명의 승무원과 승객이 탑승한 중국민항 소속 항공기 1대(트라이던트, B296호커 시들리 121)가 1983년 5월 5일 한국 춘천 비행장에 불시착하였는 바 동 항공기는 6명의 납치범들에 의하여 피랍된 것으로 밝혀졌다. 9명의 승무원 중 2명이 범인들에 의하여 총상을 입었다.
2. 한국 당국은 승무원과 승객의 안전을 확보하는 적절한 조치를 취함으로써 탑승자들을 인질상태로부터 구출하였다.
3. 2명의 부상자는 수술과 더불어 신속하고도 적절한 치료를 받고 서울 시내 한 병원에서 회복 중에 있다.
4. 中國民用航空總局 沈圖총국장과 일행은 본건에 관하여 한국 당국과 교섭하기 위하여 1983년 5월 7일 서울에 도착하였다.

5. 沈圖 총국장과 일행은 입원중인 2명의 승무원과 서울시내 호텔에 유
   숙중인 기타 승무원 및 승객을 방문하였다.
6. 양측은 관계 국제협약의 규정에 의한 양측 간의 교섭을 통하여 피랍
   항공기의 승무원, 승객과 기체를 가능한 한 조속히 송환하는 데 합
   의하였다.
7. 부상자 중 중상을 입은 1명은 서울에서 계속 치료를 받아 여행이 가
   능할 정도로 회복될 때에 귀환할 것이다.
8. 심원총국장은 기체의 안전과 승무원 및 승객의 건강, 그리고 부상자
   의 치료를 위하여 한국이 취한 신속하고도 적절한 조치에 대하여 한
   국 측에 감사의 뜻을 표명하였다.
9. 양측은 이번 사건의 처리과정에서 충분히 발휘된 상호협조의 정신
   이 금후 양측이 관련되는 긴급사태발생시에도 계속 유지되어야 한
   다는 그들의 희망을 표명하였다.

1983년 5월 10일 서울에서 작성하였다.

大韓民國 外務部 第 1次官補 孔魯明
中華人民共和國 中國民用航空總局總局長 沈圖

* 양국은 납치범을 대한민국 법에 의해 판결할 것과 향후 유사사건이 발생하면 긴
밀하게 협조할 것을 합의했다. 납치범 6명은 1년간의 구속 수감 후, 추방형식으로
중화민국으로의 정치적 망명을 허용하였다. 중화인민공화국 측은 납치범들에 대
해 외교합의문서에서 '형사범'이란 표현을 기록으로 남길 것을 주장했으나, 대한
민국 정부 측에서 받아들이지 않았다.

이 사건으로 1983년 8월 양국은 중국 민항기가 한국의 비행정보구
역을 통과할 수 있도록 합의하였다. 이후 1990년까지, 양국의 접촉은
주로 체육·관광·친척방문 등이 주를 이루었다.

먼저 교류를 하게 된 것은 테니스와 농구 등 스포츠 교류였다. 1984
년 2월25일 중국 쿤밍(昆明)에서 개최되었던 데이비스컵 테니스 대회

에 한국대표팀이 최초로 참가하였다. 1984년 4월, 서울에서 개최된 아시아청소년농구대회에 중국 농구선수단이 최초로 한국을 방문하였다. 같은 해 10월 상하이에서 개최된 아시아 여자농구선수권대회에 한국 선수단이 참가했다. 그리고 1984년 3월, 중국 정부는 친척 상호 교류를 허용하였다.

이후, 중국은 1986년 서울 아시안게임과 1988년 서울 하계올림픽에 참가하였고, 한국은 1990년 베이징(北京) 아시안게임에 참가하였다.

1988년 8월, 조용필은 한국 가수로는 최초로 중국 베이징에서 '평화우호방중단'이라는 이름으로 공연을 했는데 이때 중국 고위인사들이 참석하였다.

1988년 10월 한국은 중국 관광금지를 해제했고, 1989년 6월에는 한중 해운 정기 직항로가 개통되었다. 같은 해 8월, 중국은 한국의 상하이 취항을 허가했으며 1990년 2월에는 일본을 경유하여 중국으로 가던 우편이 한국에서 중국으로 직접 갈 수 있게 되었다. 그리고 같은 해 9월에 정식으로 중국의 웨이하이(威海)-인천 간 정시 노선과 상하이-부산 간의 비정기 노선이 개설되었다.

> 1990년 9월 15일 카페리선 골든브릿지호가 인천항을 출발, 17시간 뒤 웨
> 이하이에 도착하였다.

　한국과 중국의 무역교류는 1984년 이후에 이루어졌다. 간접교역이 어느 정도 인정되기 시작한 1984년부터 1985년까지의 대중국 주요 수출품은 흑백TV와 섬유였고, 주요 수입품은 원유, 석탄, 원사 등이었다.

　1985년에는 대한민국 한국은행은 대중국 투자를 허가했다. 1988년에 접어들면서 중국은 한국과의 간접교역을 공식화하기 시작했다. 한국은 1988년 4월 이후 산둥성(山東省)과 랴오닝성에 민간 경제조사단을 파견하고 민간 무역사무소 설치에 합의했다. 그리고 중국은 정경분리 원칙 아래 한국과의 무역을 지금까지의 간접교역 상태에서 공식화하려는 것이다. 1988년 서울올림픽을 계기로 한중 양국 간의 무역량은 31억 달러에 달하게 되었다. 그리고 1988년 10월 중국 광저우(廣州)교역회는 한국기업을 초청했다. 1989년 7월에는 베이징국제박람회에 참가했다.

　한편, 한국의 중국과의 교역은 노태우 대통령의 북방정책과 밀접한 관련이 있다. 1988년 7월 7일 노태우대통령은 "민족자존과 통일번영을 위한 특별선언"에서 남북 간에 민족공동체 관계를 발전시켜 나갈 것 등 6개항 원칙을 선언하면서 사회주의권과의 관계개선의 의사를 천명하였다.

　1989년 한중 간의 직항해로가 열리면서 직접무역이 활기를 띠게 되었다. 직접교역은 1990년대 초부터 나타나기 시작했다. 1990년 중

국은 한국 기업의 베이징사무소 설치를 허가했고, 1990년 10월 20일
한중 무역대표부 상호설치합의서에 조인했다. 1991년에 들어서 두 나
라의 관계는 한층 더 발전했다. 1991년 1월 28일 중국은 신화사 홍콩
분사를 통해 한국기자 11명에게 최초로 취재목적의 비자를 발급하였
다. 1991년에는 한중 양국의 수도인 서울과 베이징에 무역대표부를
개설하였다.

1991년 4월 2일 중국 류화치우(劉華秋) 외교부 부부장이 이상옥 외
무장관과 회담을 가졌고, 11월에는 제2차 외무장관회담이 열렸다.
1992년 2월에는 민간차원의 한중 무역협정이 발효되었고, 4월에는 제
3차 외무장관회담이 있었다.

그동안 스포츠 교류 등과 간접교역 등을 통한 한국과 중국의 관계
는 한중 외교관계를 개선하는 데 중대한 역할을 하였다. 하지만, 양국
간의 공식적이고도 정치적인 외교 관계 수립에 있어서는 여전히 제
약이 존재하였다. 특히 중국이 제약을 받고 있었는데, 그것은 바로 중
국과 북한의 관계였다.

한국과 중국의 외교적 교류가 활발하기 시작한 것은 1991년에 이르
러서이다. 1991년 10월 2일, 중국외교부 국제사(國際司, 국제실) 사장
친화순(秦華孫)과 한국 외무부 외교정책실장인 이시영은 뉴욕에서 3중
국(중국, 대만, 홍콩)이 동시에 APEC (아시아-태평양 경제협력체, 亞
太經濟合作組織)에 가입하는 양해각서를 서명하였다. 그 중에는 중국이
유지했던 기본원칙이 포함되어 있었고, 대만의 칭호와 참가활동의 등
급에 대하여도 명확하게 규정하였다. 대만은 '중국타이페이(China
Taipei)'의 명칭을 사용하며, 또한 경제업무를 주관하는 장관만 회의에
참석하고, 그 '외교부 부장' 또는 '외교부 부부장'은 회의에 참가할 수

없다는 것이다.

1991년 11월 12일 중국 외교부장인 첸치천(錢其琛)은 APEC 제3차 장관급회의에 참석하기 위해 서울에 왔다. 당일 노태우 대통령은 첸치천 외교부장에게 "중국과 한국은 바다를 사이에 둔 이웃으로 예부터 내왕이 잦았고 한국의 서해안과 중국의 산둥반도 동쪽은 개 짖는 소리가 들릴 정도로 가까웠다. 근대에 들어 양국이 서로 수십 년 내왕이 중단된 것은 유감스럽고 부자연스럽다. 최근 들어 양국 관계가 개선되고 1986년과 88년, 중국 체육 대표단이 서울에서 와서 아시안게임과 올림픽에 참가하면서 양국 무역 교류가 시작돼 기쁘고 만족스럽다. 한국은 소련을 비롯한 동구권 국가와 외교관계를 수립했지만 중국과의 관계는 더욱 밀접해야 한다. 한반도의 평화와 안정을 위해 아시아-태평양 지역의 평화와 발전을 위하여 한국은 진심으로 중국과의 관계 개선을 바란다. 하루빨리 수교하자"라고 하면서 한국과 중국이 수교를 맺기를 희망하였다. 11월 13일 박철언 체육부 장관은 신라호텔에 묵고 있던 첸치천을 방문하여, 한중수교를 위해 노력하자며 비밀 접촉 채널을 만들자고 제의했다.

1992년 4월 UN ESCAP(유엔 아-태 경제사회이사회) 제48차 연례회의가 베이징에서 개최되었는데, 이상옥 한국 외무장관이 참석했다. 이때 이상옥 외무장관은 한중 외무장관 회담을 통해 수교협상을 시작하였다. 1992년 8월 23일 제4차 한중 외무장관 회담에서 수교관련 모든 조건이 타결되었고, 24일 한중수교 공동성명이 채택되어 공식적으로 수교가 이루어졌다.

3. 한국에서의 한중수교 배경

한국과 중국의 외교수립은 노태우 대통령의 북방외교정책의 영향을 받았다. 그런데 노태우는 자신의 회고록에서 북방정책(또는 북방외교)의 기본 구상은 1973년 박정희 대통령의 '6·23 선언'에 근거를 두고 있다고 밝힌 바 있다. 이 절에서는 중국과의 수교에 직접적으로 영향을 준 6·23 선언과 북방정책의 내용을 살펴본다.

박정희 대통령	노태우 대통령
• <6·23선언> • 1973.6.23 • 체제와 이념을 초월한 호혜원칙에 따라 모든 국가와의 국교수립을 바라는 입장을 밝힘 →공산국가와의 경제교역을 터 놓음: 중국과의 무역거래 가능 조치	• <7·7선언(민족자존과 통일번영을 위한 특별선언)> • 1988.7.7 • 남북간에 민족공동체 관계를 발전시켜 나갈 것 등 6개항 원칙을 선언 →소련 중공 등 사회주의 권과의 관계개선 의사 천명

1) 6·23선언(1973.6.23.)

> 6·23선언은 1970년 8·15선언, 1971년 8월 12일 남북 적십자회담 제의, 1972년 7·4남북공동성명에 이어 대한민국 대외정책의 기본노선을 천명한 것이었다.

1973년 6월 23일 박정희 대통령은 '평화통일 외교정책에 관한 특별성명'을 발표했다. 이는 체제와 이념을 초월한 호혜원칙에 따라 모든 국가와의 국교수립을 바라는 입장을 밝힌 것이다. 이를 '6·23선언'

이라 부른다. 이는 국제적인 데탕트 분위기 속에서 한국 정부가 동부 유럽의 사회주의 국가들과 관계를 개선하려는 의지를 밝힌 것이다.

첫째, 조국의 평화적 통일을 달성하기 위해 모든 노력을 경주한다.

둘째, 한반도의 평화유지를 위해 내정 불간섭과 불가침을 약속한다.

셋째, 남북대화의 구체적 성과를 위해 노력한다.

넷째, 긴장 완화와 국제 협조에 도움이 된다면 북한이 한국과 함께 국제기구에 참여하는 것을 반대하지 않는다.

다섯째, 북한과 함께 국제연합에 가입할 용의가 있다.

여섯째, 호혜의 바탕 위에서 사회주의 국가들에게 문호를 개방한다.

일곱째, 평화 선린에 기반을 둔 대외정책을 지속적으로 추진하고, 우방과 기존 우호관계를 더욱 공고히 한다.

● **평화 통일 외교 정책에 관한 특별성명**

1973년 6월 23일

친애하는 5천만 동포 여러분!

나는 오늘 우리가 그 동안 추진해 온 남북 대화의 경험과 국제 정세의 추이에 비추어, 민족의 숙원인 조국 통일의 여건을 실질적으로 개선하기 위한 우리의 평화 통일 외교 정책을 내외에 천명하고자 합니다. 제2차 세계 대전 후 우리는 해방이 되었으나 우리의 의사에 반하여 국토는 양단되고 민족은 분열되었습니다.

당초 일본군의 항복을 받기 위한 군사적 경계선이라고 하던 38선이 그 후 철의 장막으로 변하고 남과 북은 정치, 경제, 사회, 문화의 모든 분야에 걸쳐서 완전히 차단되어 버렸습니다.

그동안 미·소 공동 위원회가 개최되어 38선의 해소와 통일 민주 정부 수립을 위한 교섭이 있었으나, 미·소간의 근본적 대립으로 실패에 돌아가고 결국 한국 문제는 국제 연합에 제기되었던 것입니다.

1947년 제2차 국제 연합 총회는 남북한을 통한 자유로운 총선거의 실시를 결의하고 이를 위해 임시 한국 위원단을 파견하였습니다.

그러나, 북한의 거부로 남한에서만 자유선거가 실시되어 1948년 8월 15일, 대한민국 정부가 수립되고 국제 연합에 의하여 유일한 합법 정부로 승인받게 된 것입니다.

1950년 6월 25일, 북한 공산군의 불의의 침략으로 인한 한국 동란으로 무수한 동포가 생명을 잃고 전 국토는 초토화되었으며, 3년간의 끝에 휴전은 성립되었으나 분단은 계속되고 통일은 요원해졌습니다.

나는 이 분단으로 말미암은 동족의 고통을 덜고 평화 통일의 기반을 조성하기 위하여 1970년 「8·15 선언」에서 남북한 간의 긴장 완화를 촉구하였습니다.

그 다음 해 8월 12일 우리 측은 남북 적십자 회담을 제의하였으며, 작년 7월 4일에는 평화 통일을 위한 남북 공동 성명을 발표한 바 있습니다. 이리하여 남북 대화는 시작되었습니다. 그러나, 근 2년이 되는 오늘에 이르기까지 그 성과는 우리 기대와는 거리가 먼 것이라 하지 않을 수 없습니다.

우리는 용이하고 실천 가능한 문제부터 하나씩 해결해 나감으로써 남북 간의 장벽을 점차 제거하고, 구체적인 실적을 통해서 상호간의 불신을 신뢰해 대체해 나가는 것이 대화를 생산적으로 운영하는 길이며, 평화 통일을 성취하는 지름길이라고 주장해 왔습니다.

그러나, 북한 측은 불신 요소를 남겨 둔 채 대한민국의 안전 보장을 위태롭게 할 군사 및 정치 문제의 일괄 선결을 주장하고 있습니다.

그러면서도 북한 측은 통일을 위한 남북 대화의 진행 중, 밖으로는 사실상 조국의 분단을 고정화시키는 행동을 계속하여 왔습니다.

이러한 남북 관계의 현상으로 보아 우리가 기대하는바 남북 대화의 결실을 얻기까지에는 앞으로도 많은 난관이 예견되며, 상당히 긴 시일이 소요되리라고 판단됩니다. 뿐만 아니라, 이러한 상태가 그대로 방치된다면 결과적으로 불신의 심화와 긴장의 고조마저도 우려되는 바입니다.

한편, 최근의 국제 정세는 제2차 세계 대전 후의 냉전 시대가 끝나고 현상 유지를 기조로 하는 열강들의 세력 균형으로 평화 공존을 유지하려는 것이 그 주된 조류라 하겠습니다.

또한, 그간 이 지역에 있어서의 일련의 주변 정세의 발전으로 미루어 보아서도 국토 통일이 단시일 내에 성취되기는 어렵다고 보여집니다.
이러한 국제 정세는 우리 민족사에 있어서 하나의 커다란 문제를 제기하고 있습니다. 즉 조국 통일이라는 민족 지상의 염원과 목표를 국제 정세의 현실 속에서 어떻게 추구할 것인가의 문제입니다.
친애하는 5천만 동포 여러분!
우리는 객관적 현실에 대하여 능동적으로 대처해 나가야 하겠습니다.
우리는 조국 통일을 국내외의 현실 속에서 실현하는 현명하고도 확고한 방안을 수립하고 이를 강인하게 추구해 나가야 하겠습니다.
그것은 곧 현실을 직시하고 평화를 이 땅에 정착시킴으로써 그 바탕 위에서 우리의 자주 역량으로 통일을 기필코 이룩하자는 것입니다.
그러므로, 나는 이에 다음과 같은 정책을 선언하는 바입니다.

1. 조국의 평화적 통일은 우리 민족의 지상 과업이다. 우리는 이를 성취하기 위한 모든 노력을 계속 경주한다.
2. 한반도의 평화는 반드시 유지되어야 하며, 남북한은 서로 내정에 간섭하지 않으며 침략을 하지 않아야 한다.
3. 우리는 남북 공동 성명의 정신에 입각한 남북 대화의 구체적 성과를 위하여 성실과 인내로써 계속 노력한다.
4. 우리는 긴장완화와 국제 협조에 도움이 된다면 북한이 우리와 같이 국제기구에 참여하는 것을 반대하지 않는다.
5. 국제 연합의 다수 회원국의 뜻이려면 통일에 장애가 되지 않는다는 전제 하에 우리는 북한과 함께 국제 연합에 가입하는 것을 반대하지 않는다. 우리는 국제 연합 가입 전이라도 대한민국 대표가 참석하는 국련 총회에서의 「한국 문제」 토의에 북한 측이 같이 초청되는 것을 반대하지 않는다.
6. 대한민국은 호혜평등의 원칙 하에 모든 국가에게 문호를 개방할 것이며, 우리와 이념과 체제를 달리하는 국가들도 우리에게 문호를 개방할 것을 촉진한다.
7. 대한민국의 대외 정책은 평화 선린에 그 기본을 두고 있으며, 우방들과의 기존 유대 관계는 이를 더욱 공고히 해 나갈 것임을 재천명한다.

나는 이상에서 밝힌 정책 중 對북한 관계 사항은 통일이 성취될 때까지 과도적 기간 중의 잠정 조치로서, 이는 결코 우리가 북한을 국가로 인정하는 것이 아님을 분명히 하여 둡니다.

친애하는 남북 동포 여러분!
나는 우리 조국이 처해 있는 오늘의 내외 정세를 냉엄히 평가할 때 이 길만이 긴장완화의 국제 조류 속에서 민족의 위신과 긍지를 유지하면서 조국의 평화 통일을 자주적으로 성취하는 지름길이라고 확신합니다.
슬기롭고 용감한 민족 앞에서 결코 실망이나 좌절은 있을 수 없습니다.
우리 모두 희망찬 용기화 슬기로 한반도의 평화, 겨레의 번영, 그리고 조국 통일을 위해 힘차게 매진합시다.

'6·23선언' 이후 대한민국 정부는 남북한 UN 동시가입, 동북아 4강과 남북한 교차승인, 한반도 문제 토의를 위한 남북한, 미국, 중국 간 4자 회담 제의 등 적극적이고 활발한 대외, 통일정책을 펼쳤다. 이 선언을 통해 공산국가와 경제교역 가능성을 열어두었는데, 이때 당시 중공과의 무역거래도 가능하게 한 조치였다. 하지만 양국간의 정상적인 교류는 이루어지지 않았다.

북한은 '6·23선언'을 영구분단책이라고 비난하고 그 철회를 주장하면서 모든 남북대화 중단의 구실을 삼아 이후 남북대화는 다시 교착상태에 빠지게 되었다. 1973년 8월 28일 남북조절위원회 평양 측 공동위원장인 김영주의 성명을 통해 남한의 중앙정보부가 1973년 8월 8일 일본에서 발생한 김대중 납치사건을 배후 조종했고, 반공정책을 더욱 강화해 애국적 민주인사를 탄압하고 있다고 주장하였다.

2) 북방외교

1988년 7월 7일 노태우대통령이 '민족자존과 통일번영을 위한 특별선언'을 발표하였는데, 이를 '7·7선언(宣言)'이라 부른다. 선언 다음날인 8일, 대한민국 정부는 '중공'을 '중국'이라고 공식적으로 호칭하기로 발표하였다. 이 선언의 핵심 내용은 남북이 대립관계가 아닌 동반자관계로 발전하여 평화통일을 실현하자는데 있다. 그리고 주요 내용으로는 6가지가 있다.

첫째, 남북동포 간 상호교류, 해외동포의 남북자유왕래 개방

둘째, 이산가족 생사(生死)확인 및 서신왕래(往來), 상호방문 주선

셋째, 남북한 간 물자거래 및 문호개방

넷째, 非군사물자에 대한 우방국의 북한교역 용인

다섯째, 남북 간 대결외교 지양 및 국제무대 상호협력

여섯째, 북한과 미국, 일본, 한국과 중국 및 소련(=現 러시아)의 관계개선

● 민족자존과 통일번영을 위한 특별선언

〈1988년 7월 7일 노태우 대통령이 자주·평화·민주·복지의 원칙에 입각하여 기존의 북한과의 적대관계를 청산하고 민족공동체의 인식을 바탕으로 민족의 공동번영을 모색하고, 북한과 우방국과의 관계개선을 적극 도우며, 대한민국도 중국·소련 등 공산국가와의 관계정상화를 추진해나가겠다는 정책을 천명한 특별선언 전문이다.〉

1988년 7월 7일 목요일

친애하는 6천만 동포 여러분!나는 오늘 온 겨레의 염원인 조국의 평화적 통일을 실현해나가기 위한 새 공화국의 정책을 밝히려 합니다. 우리 민

족이 남북분단의 고통을 겪어온 지 반세기가 가까워옵니다. 분단의 역사
는 우리 민족에게 숱한 시련과 고난을 주었으며, 민족의 정상적인 발전
을 가로막아왔습니다. 남북분단의 장벽을 허물어 번영된 통일조국을 여
는 길을 개척하는 것이야말로 오늘을 사는 우리 겨레 모두에게 맡겨진
민족사의 소망이 아닐 수 없습니다. 상이한 이념과 제로 분단된 남북은
갈라진 분단, 그날부터 오늘까지 서로가 서로를 불신, 비방하며 서로를
적대시하는 고통스런 분단 상황에서 벗어나지 못하고 있습니다. 남북분
단은 우리 민족의 의사에 의한 것이 아니었으나 민족통합은 우리의 책임
아래 우리의 자주적 역량으로 이루어야 합니다.
우리는 남북 간에 화해와 협력의 밝은 시대를 함께 열어가야 합니다. 이
제는 민족 전체의 복지와 번영을 위해 함께 노력할 때입니다. 오늘날 세
계는 이념과 체제를 초월하여 화해와 협력의 시대로 나아가고 있습니다.
나는 지금이야말로 전쟁의 위험과 대결의 긴장이 상존하고 있는 한반도
에 평화를 정착하고 통일의 새로운 전기를 마련하여야 할 역사적인 시점
이라고 확신합니다.

동포 여러분!
우리가 아직 비극적인 분단현실을 극복하지 못하고 있는 근본적인 이유
는 남과 북이 민족공동체라는 의식을 등진 채 서로를 대결의 상대로 여
겨 적대관계를 격화시켜온 데 있습니다. 우리 민족은 하나의 공동체로서
그 속에서 삶을 영위하며 겨레의 힘과 슬기를 모아 시련과 도전을 극복
하면서 빛나는 역사와 문화전통을 창조해왔습니다. 따라서 남과 북이 함
께 번영을 이룩하는 민족공동체로서 관계를 발전시켜나가는 것이야말로
번영된 통일조국을 실현하는 지름길인 것입니다.
이 길이 곧 민족지존의 길이며 민족통합의 길입니다. 이제 남과 북은 분
단의 벽을 헐고 모든 부문에 걸쳐 교류를 실현해나가야 합니다. 상호 신
뢰를 회복하고 민족적 유대를 강화해 나갈 적극적 조처를 취해나가야 합
니다. 또한 대외적으로 하나의 공동체라는 인식을 바탕으로 대결의 관계
를 지양해야 합니다. 북한이 책임 있는 성원으로 국제사회에 기여하고,
그것이 북한사회의 개방과 발전을 촉진하게 되기를 희망합니다. 국제사
회에서 남북은 상호간에 서로의 위치를 인정하고 민족 전체의 이익을 위
해 협력해야 합니다.

친애하는 6천만 동포 여러분.

나는 오늘 자주, 평화, 복지의 원칙에 입각하여 민족구성원 전체가 참여하는 사회, 문화, 경제, 정치공동체를 이룩함으로써 민족자존과 통일번영의 새 시대를 열어나갈 것임을 약속하면서 다음과 같은 정책을 추진해 나갈 것을 내외에 선언합니다.

1. 정치인, 경제인, 언론인, 종교인, 문화, 예술인, 체육인, 학자 및 학생 등 남북동포간의 상호교류를 적극 추진하며 해외동포들이 자유롭게 남북을 왕래하도록 문호를 개방한다.
2. 남북 적십자회담이 타결되기 이전이라도 인도주의적 견지에서 가능한 모든 방법을 통해 이산가족들 간에 생사, 주소확인, 서신거래, 상호방문 등이 이루어지질 수 있도록 적극 주선, 지원한다.
3. 남북 간 교역의 문호를 개방하고 남북 간 교역을 민간 내부교역으로 간주한다.
4. 남북 모두 동포의 삶의 질을 향상시킬 수 있도록 민족경제의 균형적 발전이 이루어지기를 희망하며 비군사적 물자에 대해 우리 우방들이 북한과 교역을 하는 데 반대하지 않는다.
5. 남북 간의 소모적인 경쟁, 대결외교를 종결하고 북한이 국제사회에 발전적 기여를 할 수 있도록 협력하며, 또한 남북대표가 국제무대에서 자유롭게 만나 민족의 공동이익을 위하여 서로 협력할 것을 희망한다.
6. 한반도의 평화를 정착시킬 여건을 조성하기 위하여 북한이 미국, 일분 등 우리 우방과의 관계를 개선하는 데 협조할 용의가 있으며 또한 우리는 소련, 중국을 비롯한 사회주의 국가들과의 관계개선을 추구한다.

나는 이상과 같은 우리의 조치에 대해 북한 측도 적극 호응해줄 것을 기대합니다. 북한 측이 이에 대해 긍정적인 자세를 보여온다면 보다 전진적인 조치를 취해 나갈 것임을 아울러 밝혀둡니다.

나는 오늘의 이 선언이 통일을 향한 남북 간의 관계발전에 새로운 장을 여는 계기가 되기를 바랍니다. 6천만 우리 겨레 모두가 슬기와 힘을 모은다면, 이 세기가 가기 전에 남과 북은 하나의 사회적, 문화적, 경제적 공동체로 통합될 수 있을 것입니다.

이러한 바탕 위에서 우리는 머지않아 하나의 나라로 통일하는 위험을 달성할 수 있을 것으로 확신합니다.

7.7선언, 노태우

이 선언 이후 대북비난방송을 중단하였다. 그리고 교육당국자회담 제안 및 경제교류가 있었다.

북방정책 선언 이후 대한민국은 여러 공산권 국가와 수교를 맺었다. 1989년 2월 1일 공산권 국가로는 처음으로 헝가리와 공식수교를 맺었고, 이어서 폴란드, 유고와 수교를 맺었다. 1990년 3월에는 몽골, 체코와 수교를 맺었다. 1990년 6월 샌프란시스코에서 노태우 대통령은 소련 고르바초프 서기와 회담을 가졌고, 9월 30일에는 한국과 소련이 수교를 맺었다. 그리고 1991년에는 남북기본합의서가 채택되었고, 비핵화공동선언을 하였다.

당시 외무장관이었던 이상옥의 회고록에서도 노태우 대통령의 북방외교정책이 중국과의 수교에 영향을 준 것으로 기록하고 있다. 이상옥은 1992년 1월20일 주요 외교 업무계획을 보고하는 자리에서 '북방외교의 마무리와 내실화'가운데 '한중수교의 조기 실현'에 대하여 보고하였다. 이때 노태우 대통령은 "한반도 문제의 해결이 잘 진전될 경우 북방외교의 마지막 목표인 대중국 수교도 실현될 수 있을 것"이라고 말하였고 "대중국 국교 수립은 의연하고 착실하게 추진해 나가라"고 지시하였다고 이상옥은 회고하였다.

중국과의 수교에서 기본적인 전략은 노태우 대통령의 북방외교정책이었다. 노대통령은 북방정책을 3단계로 나누어서 추진한다는 구상 하에 외교행정당국에 한중수교 추진을 지시하였다. 당시 한국정부는 북방정책의 궁극적인 목표인 북한과의 통일을 성공적으로 달성하기 위해 중국과 소련 등 공산권 국가들과 수교한다는 것이었다.

> ● 북방정책 3단계 구상
>
> - 제1단계: 여건을 조성하는 단계로 소련·중국·동구권과의 수교를 상정하고 추진하는 단계
> - 제2단계: 남북한 통일 ->1991년 서울에서 열린 남북한 고위급회담에서 남북한이 화해 및 불가침, 교류협력 등에 관해 공동 합의한 기본 문서인 남북기본합의서 체결이 그 성과물이었다.
> - 제3단계: 한국인들의 생활권과 문화권을 연변, 연해주 등으로까지 확대해 나간다.

1990년 6월 한소수교정상회담의 결과, 9월 30일 유엔본부에서 세바르드나제 소련 외상과 최호중 외무장관이 '한·소 수교 공동성명서'에 서명함으로써 한국과 소련은 역사적인 수교를 수립하게 되었다.

4. 중국의 한중수교 배경: 덩샤오핑의 구상

1978년 중국에서 시작되면서 중국의 외교 전략은 실용적인 정책으로 방향을 선회했다. 첸치천의 『외교십기』에 따르면, 중국내에서는 1978년에 제11차 3중전회를 계기로 경제건설을 중시하는 분위기가 조성되었고, 대외 활동을 적극적으로 전개해서 국제 교류 공간을 최대한으로 확대하려 하였다. 그리고 4개 현대화 건설에 양호한 외부 환경을 만드느냐 하는 것이 외교 담당자들에게 부여된 절박한 과제였다. 그런 배경에서 한반도의 정세를 완화시키고 남북 간의 회담을 촉진하기 위해 중국이 한국과의 관계를 보다 가까이 한다는 방침을

마련하였다. 게다가 한국에서 개최되는 국제기구의 행사에 대해 중국이 해당 국제기구의 회원일 경우에는 행사에 참가할 수 있고, 마찬가지로 중국이 주관하는 국제기구의 행사에 한국인들이 중국방문을 신청할 경우 받아들이기로 하였다.

이러한 방침에 따라 중국이 1986년 서울아시안 게임과 1988년 서울올림픽에 참가할 수 있었던 것이다. 그리고 1990년 베이징아시안게임에 한국대표단도 참가를 할 수 있었던 것이다. 사실, 1985년에 중국에서는 한국과의 수교를 향한 지도부의 의사 결정이 이미 진행되고 있던 과정이었음을 첸치천의 『외교십기』에서 알 수 있다.

1985년 4월 덩샤오핑은 한중관계를 언급하면서 "중한 관계의 발전은 우리에게 필요한 일이며, 첫째 우리 중국이 한국과 교역을 해서 경제적으로 이점이 있을 것이고, 다음으로는 한국과 대만의 관계를 단절시킬 수 있다"라고 언급했다. 1988년 5월에서 9월의 기간 동안, 외빈과의 만남에서 덩샤오핑은 "중국의 입장에서 보면 우리가 한국과의 관계를 발전시키는 것은 이익만 있고 해로울 것은 없으며(有利無害), 경제적으로는 쌍방에 유리할 것이고, 정치적으로는 중국의 통일에 유리하다"라고 말했다.

한중수교와 관련하여 『외교십기』에서 담겨진 덩샤오핑의 구상을 살펴보면 다음과 같다. 먼저 덩샤오핑은 한국과 정식으로 수교를 하면 적어도 다섯 가지가 중국이 유리하다고 판단하였다.

첫째, 한중수교는 중국의 경제발전에 유리한 환경을 제공할 것이다.

둘째, 한중수교는 한국과 대만의 외교관계의 단절을 가져와 대만을 고립시켜 중국의 통일에 유리한 환경을 제공할 것이다.

셋째, 한중수교는 미국과 일본에게 대중 접근 책을 채택하는 효과를 가져 올 것이다.

넷째, 한중수교로 동남아 국가들을 정치경제적으로 유인하는 효과를 발휘할 것이다.

다섯째, 한중수교로 중국의 북한 일변도 외교에서 탈피해서 북한을 견제하는 효과를 낼 것이며, 남북한에 대한 등거리 외교로 중국의 경제발전에 필요한 한반도의 평화안정을 유지할 수 있게 될 것이다.

이러한 덩샤오핑의 구상에 대해 스콧 스나이더(Scott Snyder, 아시아재단 한미정책연구소)는 첸치천이 '일석사조(一石四鳥)'라는 말로 설명한 것으로 알려졌다.

● 첸치천의 일석사조(一石四鳥)

첫째, 대만의 외교적 고립 심화
둘째, 한국과의 경제협력 강화
셋째, 북한의 군사적 경제적 지원 요구 차단
넷째, 수퍼301조를 통한 미국의 중국에 대한 경제 압력에 대한 완화 등의 효과를 가져 올 것으로 예상

스나이더는 당시 덩샤오핑 등 중국지도부는 중국이 한국과의 경제교류가 가져올 잠재적인 이익을 확보하기 위해 한중수교를 결정한 것으로 보았다.

한편, 당시 국제정치 경제적 환경변화도 중국이 한국과 외교관계

를 맺는 데 영향을 주었다. 개혁개방 이후 경제성장을 하던 중국 내에서 빈부격차, 지역 간의 격차 등으로 인해 사회적 혼란이 초래되었고, 결국 1989년 6월 '천안문사건'이 발생하였다. 그 결과로 미국과 일본, 유럽을 비롯한 국제사회의 정치, 외교, 경제적 제재에 직면하게 됐다. 이러한 대외적 환경에서 중국 최고 실권자 덩샤오핑이 선택한 것은 당시 대표적인 신흥공업국(NIES)이었던 한국과의 외교관계 수립이었다.

5. 한중수교 회담 과정

1차 협상	5월 중순 중국 댜오위타이(釣魚臺) 제14호 건물
2차 협상	5월 말에서 6월 초 베이징에서 개최
3차 협상	6월 말에서 7월 초 서울에서 개최

1992년 8월의 한중수교를 위한 예비회담은 1992년 5월 14~15일(베이징)과 6월 2~3일(베이징), 6월 20~21일(서울)로 세 차례 개최되었다. 본회담은 7월 29일 베이징 댜오위타이에서 열렸다.

한국 측 예비회담 대표단은 권병현 외무부 본부대사(수석대표), 변종규 청와대 국제안보비서관, 한영택 외교안보연구원 수석연구관, 김하중 주베이징 무역대표부 참사관, 신정승 외교안보연구원 연구관, 이영백 외무부 동북아2과 사무관(통역) 등 6명이었다.

중국 측 예비회담 대표단은 장루이지에(張瑞杰) 외교부 대사(수석대표), 리빈(李濱) 외교부 아주국 한국과장, 탄징(譚靜) 1등서기관, 띵쯔쫭

(丁志壯) 대만판공실 부처장, 씽하이밍(邢海明) 한국과 직원(통역) 등 5명이었다.

예비회담과 본회담에서 주로 논의된 의제들은 다음과 같다.

첫째, '하나의 중국(One China)'과 '두 개의 한국(Two Koreas)' 문제

둘째, 한반도의 비핵화

셋째, 중국의 한국전 참전 문제에 대한 입장 표명

넷째, 중조우호협력 조약 문제

다섯째, 양국 대사관 부지

92.4.13.	이상옥 외무장관과 첸치천 외교부장 베이징에서 한중외상회담 개최, 첸치천 : 수교문제 협의할 비밀 창구개설 제의
5.6.	양측은 본회담 차석대표(예비회담 수석대표)간 제1차 예비회담을 베이징에서 개최하기로 합의
5.7.	한국 측 수교 실무준비팀 동빙고동 안가에서 업무 개시
5.14-15.	양측 차석대표 간 제1차 예비회담 베이징 댜오위타이(釣魚臺)에서 개최. 수교와 관련, 양측 제시사항에 대한 기본적 협의 진행
6.2-3.	제2차 예비회담 베이징 댜오위타이(釣魚臺)에서 개최. 기본적인 협의를 일단 마무리하고 본회담을 열기로 잠정합의
6.20-21.	제3차 예비회담 서울 워커힐에서 개최. 수교합의문(공동성명, 양해각서)에 사실상 가서명
7.29.	노창희 외무차관과 쉬둔신(徐敦信) 외부부 부부장을 수석대표로 하는 본회담을 열고 공동성명과 양해 각서에 가서명

1차 협상은 5월 중순 중국 댜오위타이 제14호 건물에서 이루어진 것으로 알려져 있다. 당시 한국 대표는 세 차례에 걸쳐 베이징에 도착했다. 이때 한국 대표들은 간단한 인사와 함께 수교문제를 바로 거론하였다. 반면 중국은 수교원칙을 제시하며 세 가지 조건을 내놓았다.

> ● 세 가지 조건
>
> 중국은 한국이 대만과 단교해야 하고,
> 대만 정부와 맺은 조약을 무효화해야 하며,
> 대만이 서울 소재 대사관에서 철수해야 한다.

한국 대표는 처음에는 동의하지 않고 협상을 시작하였다. 그리고 한국은 주서울 대만대사관을 연락처로 급을 낮추어 존속시키려 하였으나 중국이 동의하지 않았다.

2차 협상은 5월 말에서 6월 초에 베이징에서 개최된 것으로 알려져 있는데, 당시 중국은 여전히 자신들의 수교원칙을 강조했다. 2차 협상에서 한국은 조건부 승낙을 하였다. 즉 한국은 대만과의 오랜 관계를 감안하여 중국과의 수교 이후에도 일정한 관계를 유지할 수 있도록 요구했다. 이에 중국은 3차 협상을 서울에서 열자고 제의했고 한국은 동의했다.

그리고 중국의 한국전 참전 문제에 대해서는 한국이 "중국의 참전으로 한국 국민들이 입은 큰 피해와 희생을 감안하여 양국 관계를 정상화하는 역사적 전환점에서 다시는 그러한 불행한 일이 없도록 한다는 뜻에서 중국 측의 적절한 해명이 있어야 한다"라고 주장하였다. 그러나 중국이 이를 받아들이지 않아 공동성명에는 포함되지 않았다. 양측은 다만 서로의 입장을 수정하여 각자의 예비회담 기록에만 남기기로 하였다.

3차 협상은 6월 말에서 7월 초 서울에서 개최된 것으로 알려져 있다. 3차 협상에서 한국은 중국의 수교 원칙을 받아들이면서 양국의 수교 문제는 합의에 도달했다.

서울에서 합의한 공동성명과 양해각서는 1992년 7월 말 베이징 본회담에서 수석대표들에 의해 가서명되었다. 그리고 8월 23일 양해각서가 한중외상회담에서 체결되었고, 8월 24일 이상옥 외무장관과 첸치천 외교부장이 댜오위타이 팡페이위앤(芳菲苑)에서 정식으로 서명한 공동성명이 공표되었다.

이상옥의 회고록에 따르면 수교 교섭과정에서 중국은 한국이 '하나의 중국' 원칙을 받아들일 것과 한국과 대만간의 공식 외교관계는 단절하되 중국과 북한간의 공식 외교관계는 유지하는 '두 개의 한국' 정책을 견지하는 것을 한국정부가 받아들이는 것을 회담의 전제 조건으로 제시했다.

중국은 북한과의 관계를 유지하기 위해 '두 개의 한국'을 주장하였다. 그래서 중국은 한국과의 수교 교섭을 앞두고 1991년 9월 18일 제46차 유엔총회에서 남북한이 동시에 가입할 수 있는 상황을 조성하였던 것이다.

이와 관련하여 이상옥은 한국이 '하나의 중국'과 '두 개의 한국'을 받아들이는 대신, 중국은 "중화인민공화국 정부는 한반도가 조기에 평화적으로 통일되는 것이 한민족의 염원임을 존중하고, 한반도가 한민족에 의해 평화적으로 통일되는 것을 지지한다"라는 내용을 공동성명에 포함시키는 데 합의했다고 밝혔다. 그러나 중국은 1961년 7월 11일 김일성과 중국 저우언라이(周恩來) 사이에 체결된 '중조 우호협력 조약'에서 "조선의 통일은 평화적이고 민주적인 기초위에서 실현되어야 하며, 이 같은 해결이 조선인민들의 민족적 이익과 극동의 평화 유지에 부합된다"라고 밝혔다.

● 조(북) · 중 우호협조 및 상호원조에 관한 조약

전문과 7개조로 구성되어 있다. 전체 7개 조항으로 된 이 조약은 "쌍방 간 합의가 없는 이상 계속 효력을 갖는다"라고 되어 있어 수정 또는 폐기하는 데 대한 쌍방간의 합의가 없는 이상 계속 효력을 가지게 되어 있다.

1961년 07월 11일

〈전문〉

조선민주주의인민공화국 최고인민회의 상임위원회와 중화인민공화국 주석은 맑스-레닌주의와 프로레타리아국제주의의 원칙에 입각하여 또한 국가주권과 영토완정에 대한 호상존중, 호상불가침, 내정에 대한 호상불간섭, 평등과 호혜, 호상원조 및 지지의 기초우에서 조선민주주의인민공화국과 중화인민공화국간의 형제적 우호협조 및 호상협조관계를 가일층 발전시키며 량국 인민의 안전을 공동으로 보장하며 아세아와 세계 평화를 유지 공고화하기 위하여 모든 노력을 다할 것을 결의한다.
또한 량국 간의 우호협조 및 호상협조 관계의 강화발전은 량국 인민의 근본리익에 부합될 뿐만 아니라 또한 세계 각국 인민의 리익에 부합된다고 확신한다. 이 목적을 위하여 본 조약을 체결하기로 결정하고 조선민주주의인민공화국 최고인민회의 상임위원회는 조선민주주의인민공화국 내각수상 김일성을, 중화인민공화국 주석은 중화인민공화국 국무원 총리 저우언라이를 각각 자기의 전권대표로 임명하였다.
쌍방 전권대표는 전권 위임장이 정확하다는 것을 호상 확인하고 다음과 같은 조항들에 대하여 합의하였다.

제1조

체약쌍방은 아세아 및 세계의 평화와 각국 인민의 안전을 수호하기 위하여 계속 모든 노력을 다할것이다.

제2조

체약 쌍방은 체약 쌍방중 어느 일방에 대한 어떠한 국가로부터의 침략이라도 이를 방지하기 위하여 모든 조치를 공동으로 취할 의무를 지닌다. 체약 일방이 어떠한 한개의 국가 또는 몇개 국가들의 연합으로부터 무력침공을 당함으로써 전쟁상태에 처하게 되는 경우에 체약 상대방은 모든 힘을 다하여 지체없이 군사적 및 기타 원조를 제공한다.

제3조

체약 쌍방은 체약 상대방을 반대하는 어떠한 동맹도 체결하지 않으며 체약 상대방을 반대하는 어떠한 집단과 어떠한 행동 또는 조치에도 참가하지 않는다.

제4조

체약 쌍방은 량국의 공동리익과 관련되는 일절 중요한 국제문제들에 대하여 계속 협의한다.

제5조

체약 쌍방은 주권에 대한 호상존중, 내정에 대한 호상불간섭, 평등과 호혜의 원칙 및 친선협조의 정신에 입각하여 량국의 사회주의건설 사업에서 호상 가능한 모든 경제적 및 기술적 원조를 제공하여 량국의 경제, 문화 및 과학기술적 협조를 계속 공고히 하며 발전시킨다.

제6조

체약쌍방은 조선의 통일이 반드시 평화적이며 민주주의적인 기초 우에서 실현되여야 하며 그리고 이와 같은 해결이 곧 조선 인민의 민족적리익과 극동에서의 평화유지에 부합된다고 인정한다.

제7조

본 조약은 비준을 받아야 하며 비준서를 교환한 날로부터 효력을 가진다. 본 조약은 1961년 7월 11일 베이징에서 조인되었으며 조선문과 중국문으로 각각 2통씩 작성된 이 두 원문은 동등한 효력을 가진다.

조선민주주의인민공화국 전권대표 김일성

중화인민공화국 전권대표 주은래

6. 나오는 말

1992년 8월 24일 한국과 중국이 외교 관계를 정식으로 수교를 맺기까지의 과정을 보면, 비록 정식 수교 국가가 아니었지만 스포츠와 무역 교류가 활발하였음을 알 수 있다. 이는 한국의 북방정책과 중국의 대외개방정책이 서로 맞물려 있었기 때문에 가능하였다. 양국 모두 당시 국제사회의 변화를 인식하고 있었음을 알 수 있었다.

하지만, 양국이 수교를 맺을 때, 서로 간에 하나의 국가로 인정하는 과정에서 관점이 약간 달랐음을 알 수 있었다. 중국이 한국에게 '하나의 중국'을 강요하였고, 한국은 어쩔 수 없이 대만과 단교하는 외교적 수모를 당하게 된다. 게다가 한국은 '하나의 한국'을 인정받지 못했다. 그것은 중국이 여전히 북한과의 외교관계를 중요시 여기고 있음을 반증하는 것이다. 이는 최근 북한의 한국 영해 침범과 일련의 일으킨 사건에 대해 밝혔던 중국의 입장에서도 드러나고 있다.

사실, 중국은 우리에게 있어서는 남과 북이 갈라지게 만든 원인을 제공한 국가이다. 중국은 지난 1950년 발생하였던 6·25전쟁에 개입하면서 전쟁을 주도적으로 이끌었다. 게다가 오늘날에는 중화민족주의를 강조하면서 중국의 역사와 문화를 확대하고 있는데, 이 과정에서 한국의 역사와 문화를 왜곡하거나 훼손하고 있다. 그러한 부분에 대해 한국정부와 학계가 강력하게 항의하거나 문제를 제기해야 함에도 불구하고 외교와 통상 문제 때문에 쉬쉬하는 경향이 있다. 설령 문제를 제기하더라도 단지 일시적 행동에서 그치고 만다.

한국과 중국의 외교수립은 두 국가가 필요에 따라 이루어졌지만, 오늘날 중국이 국제적으로 너무나 대국이 되었기 때문에 한국이 눈치를 보거나 끌려가는 경향이 보이는데, 이는 우리 스스로가 반성해야 할 것이다. 그리고 중국의 중화민족주의적 색채가 농후한 프로젝트에 대응할 전문기관 설치와 연구자 양성이 필요하다.

참고문헌과 읽을거리

Judith F. Kornberg, 『중국외교정책』, 이진영 옮김, 명인문화사, 2008.
김성윤, "한중수교의 전망과 남북한관계,"『통일문제연구』제4권 제1호, 평화
　　　　문제연구소, 1992.3.
김우상, 『신한국책략 3』, 세창출판사, 2012.
김창훈, 『한국 외교 어제와 오늘』, 다락원, 2002.
김흥규, "한중수교 20년과 한중관계 평가: 미래 한중관계를 위한 방향과 더불
　　　　어,"『세계지역연구논총』 Vol.29 No.3, 한국세계지역학회, 2011.
박승준, 『한국과 중국 100년 : 격동의 외교 비록』, 기파랑, 2010.
박인규, "한국의 대중국 외교정책 결정과정에 관한 연구: 중국민항기 납치사건과
　　　　어뢰정 사건을 중심으로," 서울대학교 행정대학원 석사학위논문, 1990.
박창희, "한중수교 20년과 한중군사관계 발전: 회고와 전망,"『중소연구』
　　　　Vol.36 No.1, 한양대학교 아태지역연구센터, 2012.
방수옥, 『중국의 외교정책과 한중관계』, 인간사랑, 2004.
서진영, 『21세기 중국외교정책, 폴리테이아, 2006.
신상진, "중국의 대한반도정책과 한중수교전망,"『통일문제연구』 Vol.4 No.2,
　　　　평화문제연구소, 1992.
신현만, "민족 : 한중수교, 왜 서둘렀나,"『월간 사회평론』 Vol.92 No.10, 사회
　　　　평론, 1992.
오경훈, "한중수교와 한반도 주변 정세,"『정세연구』, 민족민주운동연구소, 1992.
오수열, "중국의 대한반도정책과 한중수교전망,"『통일문제연구』제3권 제2호,
　　　　평화문제연구소, 1991.6.
유상철, 『열 가지 외교 이야기』, 랜덤하우스중앙, 2004.
이규태, 『현대한중관계론』, 범한서적주식회사, 2007.

이동률, "수교 이후 한중 정치관계의 회고와 전망," 『중소연구』 Vol.26 No.3, 한양대학교 아태지역연구센터, 2002.

이면우·김찬완·고재남·정은숙·유달승, 『한국의 대개도국 외교: 과거 현재 미래』, 한울아카데미, 2009.

이범석, "중국여객기 피납 불시착사건 처리에 관한 보고," 제11회 국회 외무위원회 회의록 제7호, 1983.5.16.

이병국, 『한중 경제교류현장론』, 나남신서, 1997.

이상옥, 『전환기의 한국외교』, 삶과 꿈, 2002.

이성일, "한중관계에 있어서 1983년 중국민항기 사건의 영향 분석," 『동북아문화연구』 제20집, 동북아시아문화학회, 2009.9.

이영주, 『중국의 신외교 전략과 한중관계』, 나남, 1998.

이재석·조성훈, 『한반도 분쟁과 중국의 개입』, 선인, 2012.

이종석, 『북한-중국관계 1945-2000』, 도서출판 중심, 2000.

이혁섭, "韓國 北方外交政策의 評價," 『국제정치논총』 제30집 2호 한국국제정치학회, 1991.4.

錢其琛, 『外交十記』, 世界知识出版社, 2003.

천용, 『중국 반패권주의 외교정책의 변화발전과 한중관계』, 선인, 2012.

http://book.qq.com/a/20040911/000417.htm (검색일 : 2012.4.19.)

http://economy.hankooki.com/lpage/economy/200805/e2008050417495297490.htm (검색일 : 2012.4.5.)

제2장

한중수교 이후의 한국과 중국

최 낙 창[*]

[*] 부산외국어대학교 중국어학부 외래교수

수교 이후 한중 관계(1992~2011)

수교 이후 한중 관계

1992.8.	한중수교 협정 체결(8.24), '한중 선린우호 협력 관계' 합의
1992.9.	1차 한중 정상회담(베이징), 노태우 대통령 한국 국가원수로 첫 訪中, 양상쿤(楊尙昆) 주석과의 회담
1994.3.	3차 한중 정상회담(베이징), 김영삼 대통령-장쩌민(江澤民) 주석: 이중과세방지협정·문화협정 체결 등 합의
1998.11.	8차 한중 정상회담(베이징), 김대중 대통령-장쩌민 주석 '한중 협력 동반자 관계' 선언
1998.12.	중국, 한국의 3대 교역 상대국으로 부상
2001.10.	12차 한중 정상회담(APEC, 상하이), 김대중 대통령-장쩌민 주석 '전면적인 협력 관계' 구축
2002.12.	중국, 한국의 2대 교역 상대국으로 부상
2003.7.	14차 한중 정상회담(베이징), 노무현 대통령-후진타오 주석 '전면적인 협력 동반자 관계' 선언
2003.12.	중국, 한국의 최대 수출국으로 부상
2004.12.	중국, 한국의 최대 교역 상대국으로 부상
2007.12.	중국, 한국의 최대 수입국으로 부상
2008.5.	22차 한중 정상회담(베이징), 이명박 대통령-후진타오 주석 '전략적 협력 동반자 관계'로 발전 협의
2008.8.	24차 한중 정상회담(서울), 이명박 대통령-후진타오 주석 '전략적 협력 동반자 관계' 전면 추진 합의
2010.6.	한국, 중국인 비자발급요건 대폭 완화
2010.6.	토론토 G20 회의에서 한중 정상은 2012년 한중 교역액 2천억 달러 목표 달성에 의견을 같이 함
2010.12.	한국, 對중국 수출액 1천억 달러 돌파
2011	한중 교역액 2천억 달러 돌파목표 1년 조기달성

출처: KIEP(대외경제정책연구원)

1. 들어가는 말

1992년 8월 24일 수교 이래 한중 관계는 그야말로 '상전벽해(桑田碧海)'의 변화를 이뤄냈다. 이제는 '순망치한((脣亡齒寒)'이란 말처럼 입술이 없으면 이가 시리듯 서로 의지할 수밖에 없는 두 나라가 됐다. 수교 당시 64억 달러에 그쳤던 교역량만 하더라도 2011년 말 기준으로 35배 이상 늘어난 2천139억 달러를 기록했다. 양국 간의 인적 교류도 크게 늘어 1992년 13만 명 수준에서 2011년 말 600만 명을 훌쩍 넘어섰다.

한편 양국 사이에 당장 해결해야 할 불편한 현안도 끊이지 않고 이어진다. 당장 제주도 남쪽 이어도(중국명 쑤옌자오·蘇巖礁) 관할권 문제로 벌어지고 있는 한중 외교 갈등이 대표적이다. 서로 자국의 "배타적경제수역(EEZ·해안선에서 370㎞ 이내의 경제 주권이 인정되는 수역) 안에 있다"라는 주장에서 조금도 물러설 기미를 보이지 않는다. 이는 한중 간에 '중국 어선의 서해 불법 조업' 문제에 이어 '중국의 탈북자 강제 북송' 문제까지 겹쳐 있는 상황이다.

2. 정치외교 분야

1) 전략적 협력동반자 관계의 '내실' 다지기 필요

이러한 맥락에서 볼 때, 2012년 1월에 이명박 대통령이 국빈 방중하였고 3월 서울 핵안보정상회의에 후진타오 주석이 참석함으로써 수교 20주년이 되는 금년에만 벌써 두 차례 한중 정상회담을 갖고, 양국 정상이 '전략적 협력동반자 관계'를 새로운 단계로 발전시켜 나가기로 의견을 같이하였다는 점은 양국관계의 미래를 위한 매우 의미 있는 출발이었다고 할 수 있다.

이명박대통령의 이번 방중은 올해 첫 해외방문이면서 중국의 첫 외국정상 방문 접수로서 양국이 한중 관계를 그만큼 중요하게 인식하고 있음을 보여주고 있다.

양국 정상은 '공동언론발표문'을 통해 수교 20주년을 계기로 '한중 전략적 협력동반자 관계'를 새로운 단계로 발전시켜 나가기로 의견을 같이하고 양국관계 발전의 청사진을 제시했다.

1992년 수교 이후 20년간 양국관계를 돌이켜보면, 수교 당시 '우호협력관계', 1998년 '21세기를 향한 협력동반자 관계', 2003년 '전면적 협력동반자 관계', 2008년 '전략적 협력동반자 관계'로 지속 격상돼 왔다. 또한 경제통상, 인적교류 등 실질협력 측면에서도 1992년 수교 당시 양국 간 교역액 64억 달러, 상호방문자 수 13만 명에서 2011년에는 교역액 2,206억 달러, 상호방문자 수 641만 명으로 세계 외교사에 유례없는 급속한 관계발전을 이뤄왔다. 특히 2008년 이명박 대통령과 후진타오 주석이 양국 관계를 '전략적 협력동반자 관계'로 설정한 이래 경제통상 등 실질협력이 지속 확대되고, 정치·안보 등 전략적 사안에 대해서도 긴밀한 협력이 이뤄지고 있다.

그러나 세계 외교사에 유례없는 급속한 관계 발전 이면에 북한 문제 등 도전과제도 존재하고 있다. 특히 2010년 천안함 사태와 연평도 사태를 겪으면서 국내적으로 한중 관계에 대해 많은 비판과 질책을 받기도 했다. 한중 관계가 북한 문제로 인해 근본적 한계가 있다거나 우리의 대 중국 역량을 강화해야 한다는 의견들이 많이 제기됐다. 또한 역사 문제, 중국어선의 불법조업 문제, 인터넷·언론에서의 반한·반중정서 표출 등 잘못 다뤄질 경우 양국관계에 부담을 줄 수 있는 현안도 산적해 있다. 중국이 경제적으로 역량이 확대되고 국제사회에서의 위상이 높아져감에 따라, 우리와의 국력 격차도 점차 커지면서 우리 경제의 높은 대중 의존도를 걱정하는 목소리도 많다. 사실 어떻게 보면 급속히 관계가 발전하는 이웃국가 간에 이러저러한 문제나 우려가 발생하는 것은 자연스러운 현상이라고도 할 수 있다. 다만 이러한 현상이 양국관계 발전의 큰 흐름을 저해하지 않도록 양국이 긴밀한 소통과 협력을 통해 적절히 관리해 나가는 것이 중요하다 하겠다.

2) 정치·안보 등 전략적 긴밀한 소통의 필요성 대두

이제 한중 관계는 수교 20주년의 성년기를 맞이하면서 보다 성숙하고 미래지향적으로 발전시켜 나가기 위한 노력을 경주해야 할 시기에 접어들었다.

우선, 전략적 협력동반자로서 실질 분야와 정치안보 등 전략적 사안에 대해 협력수준을 더욱 높여 나가야 한다. 실질 분야에서 양적으론 교역액 3천억 달러, 상호방문자 수 1천만 명 시대를 향해 나아가야 할 것이다. 이와 더불어 질적으로도 더욱 내실을 기해 나갈 필요가 있다. 이런 측면에서 2012년 1월 이 대통령 국빈 방중 시 양국이 한중 FTA를 추진해 나가기로 한 것은 매우 의미 있는 결정이라 할 수 있다.

정치안보 분야에서 한중은 그간 '한반도 평화안정과 북한 비핵화'

라는 목표를 공유하면서 긴밀히 협력해 왔다. 물론 천안함, 연평도 사태에서 보듯 양국이 목표를 공유하면서도 구체 방법론상 이견을 보이기도 했으나, 긴밀한 소통과 협의를 통해 상호 간 이해를 높여 나가자는 데 의견이 일치되고 있다. 특히 최근 김정일 사후 한반도 정세동향에 대해 국내는 물론 세계 각국의 이목이 집중되면서, 한중 간 협력 문제도 다시 도마에 오르고 있다. 2012년 1월 이 대통령의 방중, 지난 12월 한중 외교장관 간 전화통화 및 한중 고위급 전략대화 등 다양한 채널을 통해 심도 있는 논의가 이뤄졌다. 이러한 과정을 거쳐 한중 간에는 한반도의 평화안정과 6자회담의 재개여건 조성을 위해 공동 노력해 나가자는 공감대가 이뤄진 상태다.

또한 양국 정부뿐 아니라 의회·정당·언론·학계 등 각계의 교류와 협력도 확대 증진해 나가야 한다. 이제는 정부, 외교관만이 아니라 민간 각계각층이 각 분야에서 외교를 하는 '복합외교'의 시대가 됐다. 특히 2012년은 수교 20주년이면서 '한국 방문의 해'이고, 3월 서울 핵안보정상회의, 5월 여수엑스포 등 큰 국제행사를 성공리에 개최하였다. 이에 따라 한중 간 다양한 정부·민간 차원의 교류행사가 준비돼 있다. 이를 통해 다차원적이고 중층적인 관계망을 지속 발전시켜 나간다면 한중 관계의 기반은 더욱 단단해질 것이다.

아울러 중국의 부상에도 적극 대비해 나가야 한다. 지리적으로 가깝고 대중 의존도와 국력의 격차가 커지고 있는 상황에서 중국과의 관계를 어떻게 발전시켜 나가느냐가 우리 외교의 중대한 과제로 부각되고 있다. 결론적으로 말해 중국의 부상이라는 '현실'을 직시하고 이를 적극 활용해 나가는 실용적인 접근으로 대비해 나가는 것이 무엇보다 중요하다. 강대국들로 둘러싸인 우리의 지정학적 상황을 볼 때, 어느 한쪽에 치우침 없이 원칙 있는 균형적 접근을 통해 우리 자신의 중심을 잡아나갈 필요가 있다. 중국과의 관계를 발전시켜 나가면서 동시에 미, 일 등 다른 국가들은 물론 ASEAN, 한중·일 3국 협력 등 다양한 지역협력체와도 협력을 강화할 필요가 있다.

최근 인터넷·SNS 등 소통수단이 다양화하고 정보 유통도 신속해짐에 따라 왜곡된 정보나 허위사실이 양 국민 간 급속히 확산되고 부정적 정서가 표출되는 사례가 증가하고 있다. 이에 대해서는 양국 정부 간 협력체제를 강화함과 동시에, 중국 국민을 직접 상대로 하는 공공외교도 강화해 나가야 할 것이다.

마지막으로, 우리의 대 중국 외교역량을 지속 확충해 나가야 한다. 한중 관계가 20년이라는 비교적 짧은 시간에 많은 성과를 거두고 우리의 미래를 좌우할 만큼 중요해졌지만, 130년에 이르는 오랜 기간 동안 관계를 다져온 한미 관계에 비해 우리 내부 곳곳의 역량은 아직 갈 길이 멀다. 최근 중국의 중요성에 대한 인식이 확산되면서 외교부 내 중국 관련 조직, 예산도 늘었지만 우리 사회 전반의 대 중국 역량을 보다 체계적으로 지속 확충해 나가는 노력이 절실하다.

수교 20주년을 맞는 연초에 양국관계는 좋은 출발을 보였다. 양국 관계의 중요성과 이를 한 차원 높게 발전시켜 나가야 한다는 데 서로 간에 이견이 없는 상황이다. 앞으로 양국 간 갈등요소나 이견을 최소화하고 모든 분야에서 협력을 심화·확대해 호혜적 이익을 증대해 나감으로써 여하히 전략적 협력동반자 관계의 '내실'을 기해 나가느냐에 따라 새로운 20년의 한중 관계가 달려 있다.

3. 경제통상 분야

올해는 한중수교 20주년이 되는 해다. 양국이 국교를 정상화한 이후 지난 20년간 양국의 경제교류와 협력은 양적으로나 질적으로 비약적 발전을 이뤘다. 수교 당시 리펑(李鵬) 총리가 "물이 흐르면 자연히 개천이 될 것이다(水到渠成)"라고 표현한 것을 상기하면 수교 이후 양국 간 경제교류와 협력은 개천을 지나 이제 큰 강물을 이룬 느낌이다.

1) 中, 우리의 최대교역 상대국으로 자리매김하다

중국과의 교역량은 2011년 2,206억 3천만 달러로 1992년 수교 당시 63억 8천만 달러에 비해 약 35배가 증가했다. 양국 간 교역의 급속한 확대로 우리의 대외무역에서 중국이 차지하는 비중도 크게 높아졌다. 이미 2004년부터 최대 교역상대국으로 부상했으며, 2009년부터는 전체 교역에서 중국이 차지하는 비중이 미국과 일본을 합한 것보다 커졌다. 대중 무역수지는 수교 당시인 1992년을 제외하고 지속적인 흑자를 기록했으며 통관기준으로 2011년 477억 8천만 달러 흑자를 기록했다. 2011년 전체 무역수지 흑자규모가 321억 4천만 달러임을 감안할 때 중국과의 교역이 우리 경제에서 차지하는 비중을 짐작할 수 있다.

양국 간 교역량이 급증하고 또한 중국경제가 성장함에 따라 양국 간의 교역구조도 지속적으로 변동하고 있다. 수교 초반 한국은 주로 완제품과 원자재 등을 수출하고 식품과 섬유 등을 수입하는 구조였으나, 점차 부품·부분품·자본재 등을 수출하고 중국은 이를 조립·가

공해 전 세계로 수출하는 생산분업구조가 형성됐다. 하지만 최근에는 중국의 기술력 향상, 제조업 생산역량 고도화 등에 따라 중국 내 중간재와 자본재의 자급률이 높아져 이러한 한중 간 분업구조가 다소 약화되고 있으며, 동북아지역 중간재 시장, 전 세계를 대상으로 하는 최종재 시장에서 양국 간 경쟁이 심화되는 양상을 보이고 있다.

지난 20년간 대중 투자는 투자금액 기준으로 약 20.7배 증가했다. 1992년 1억 4천만 달러 수준이던 중국투자는 2010년 29억 2천만 달러로 증가했으며, 대중 투자 누적액은 2010년 말 기준으로 355억 8천만 달러로 대미 투자 누적액(373억 7천만 달러)과 비슷하며, 3위 투자 대상국인 홍콩(122억 5천만 달러)과는 약 3배 차이가 난다. 1992년 수교 초기 우리의 대중 투자는 중국의 저임금 노동력을 이용한 섬유, 의복 등 노동집약적 산업 분야에 대한 중소규모의 투자가 주종을 이뤘다. 그러나 최근에는 전자부품, 통신장비, 자동차 등 대규모 제조업 투자 및 은행, 보험 등 금융 분야, 유통 분야 투자 등이 점차 확대되고 있다.

2) 한중 FTA는 성장동력을 확보할 중요한 계기

한국과 중국은 지리적 근접성, 산업 및 기술발전 단계의 차이 등으로 인한 산업구조의 보완성, 중국경제의 고도성장 등으로 수교 이후 지난 20년간 교역 및 투자 규모를 비약적으로 발전시켜 왔다. 하지만 고도성장에 따른 문제점을 해결하고 안정적 경제성장을 도모하기 위한 중국의 경제정책 변화, 중국 제조업의 경쟁력 향상 등으로 양국 간 교역 및 투자 형태가 지속적으로 변화될 전망이며, 이에 따라 새로운 분야의 경제협력이 확대되는 한편, 양국 간 경쟁력이 중첩되는 분야에서 중국기업과의 경쟁이 심화될 것으로 보인다.

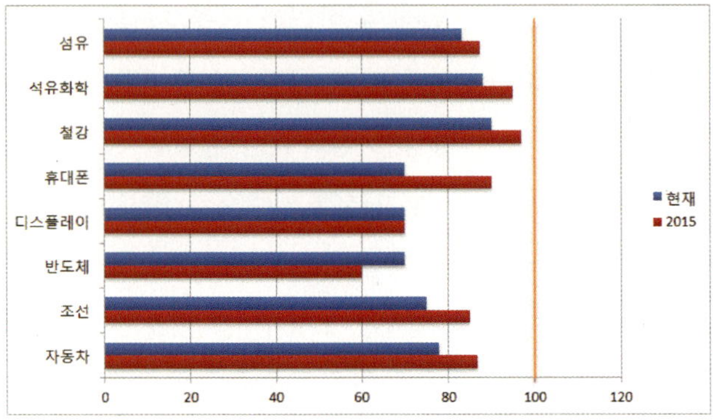

출처: 업종별 협회 조사(한국=100)

한중 기술 경쟁력 비교

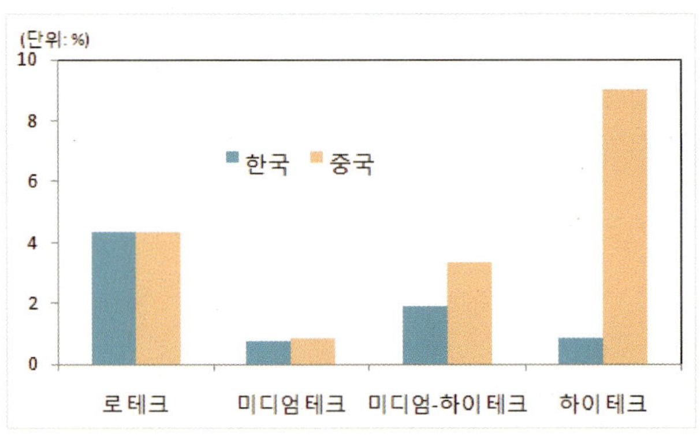

출처: 삼성경제연구소

한중 연평균 기술 진보율

　우선 중국 내수시장 확대에 따라 소비재 분야의 교역과 서비스 분야의 투자가 확대될 것으로 전망된다. 중국의 내수시장은 매년 약

20%씩 성장(2010년 2조3천억 달러)하고 있으며 중국 정부 또한 '12.5 규획'(2011~2015년)을 통해 '내수 주도형 성장'의 발전방향을 제시한 바 있어 향후 중국 내수시장 규모는 지속적으로 확대될 전망이다. 이에 따라 중국의 거대한 내수시장을 공략하기 위한 노력이 보다 적극적으로 추진될 필요가 있다.

또한 중국의 산업경쟁력 향상에 따라 국제 무역관계에서 양국 간 경쟁이 심화될 것으로 보인다. 전반적 기술 및 품질 수준은 우리가 비교우위를 점하고 있으나 중국의 빠른 추격이 이뤄지고 있는 상황에서 정부 및 기업의 대비가 요구된다. R&D 투자 확대 등을 통해 중국과의 기술우위를 지속적으로 확보하고, 이러한 분야를 중심으로 양국 간 협력을 강화해 상호 이익을 도모하기 위한 노력이 요구된다.

유럽계 금융기관인 크레디트 스위스 등은 중국이 2020년 미국을 능가하는 세계최대 소비시장으로 부상할 것으로 전망한 바 있다. 이미 중국은 우리의 최대 경제협력국이며, 향후에도 중국경제가 무역, 투자 등에서 우리 경제에 미치는 영향은 지속적으로 커질 것이다. 내수시장이 협소한 우리 경제의 특성상 해외시장을 통한 활로개척이 무엇보다 중요하며, 우리의 경쟁력 수준이나 지리적·문화적 근접성, 수출 대상국의 구매력·잠재성 등을 고려하면 중국과의 경제협력은 매우 중요하다.

한중 FTA는 이러한 양국 간 긴밀한 경제협력 관계를 진일보시키고, 우리나라의 경제성장 동력을 확보할 수 있는 중요한 계기가 될 것이다. 우선 상대적으로 높은 중국의 소비재 수입관세의 인하 등을 통해 급증하는 중국 내수시장을 선점하고, 중국-대만 간 '양안경제협정'(ECFA)의 효과를 상쇄해 중국시장에서 우리 기업의 경쟁력을 확보하며, 남북 문제에 대한 중국과의 협력 강화로 한반도의 평화와 안정에 기여하는 등 한중 FTA를 통해 여러 가지 긍정적 효과를 기대할 수 있다. 다만 한중 FTA는 우리 경제 전반, 특히 농림수산업, 저가(low-end) 제조업 등에 대한 영향력이 클 것으로 예상되므로 이에 대한 충분한 논의와 준비가 필요할 것이다. 정부는 협상 개시 이전 국내 절차 추진과정에서 여론수렴 및 향후 협상대응을 위해 공청회, 업종별 간담회 등을 통해 폭넓은 의견수렴을 진행할 예정이다. 또한 협상단계에서도 한중 양국이 이미 합의한 바에 따라 2단계로 의제를 나눠 협상을 진행할 예정이다. 1단계에서 민감 분야 처리에 대해 상호 공감대를 형성할 경우에만 2단계의 민감품목 이외의 양허협상을 착수하는 안전장치를 마련하고 있다.

한중수교 20주년을 맞이해 한중 양국 정상은 지난 1월 9일 베이징에서 정상회담을 통해 '한중 전략적 협력동반자 관계'를 지속적으로 강화·발전시켜 나갈 것을 합의한 바 있다. 정부는 그간의 양국 간 경제협력 성과를 바탕으로 보다 진일보한 관계를 형성하기 위해 한중 경제장관회의 등 대화채널을 통한 소통을 강화하고 한중 FTA를 포함해 다양한 경제협력 강화방안을 모색하고 있다. 중국과의 경제협력 강화를 추진함에 있어 우리는 중국의 변화를 잘 읽고 올바르게 대처할 필요가 있다. 앞서 언급한 대로 중국 내수시장 확대에 따른 시장 선점과 산업경쟁력 확보를 위한 기술력 향상 노력은 무엇보다 선행돼야 할 과제다.

나아가, 한중 FTA는 양국 간 경제 교류 확대는 물론, 정치안보 협력 강화에도 기여할 것으로 기대된다. FTA가 양국 간 사회·문화 교류를 더욱 촉진함으로써 상호간 오해와 편견을 교정하고 신뢰를 제고하는 데 긍정적인 역할을 할 것이다. 이에 따라, 경제통상 분야를 포함한 다양한 분야에서 신뢰와 연계성이 높아지면서, 양국이 전략적 관계를 한 차원 높게 발전시켜 나갈 수 있는 기반이 마련될 수 있을 것이다. 나아가 한중 FTA를 통해 양국이 무역규모 3천억 달러, 인적교류 1천만 명 시대를 열어 나갈 수 있을 것이다. 이러한 과제들을 잘 수행하기 위해 한중 양국은 새로운 20년이 양국 관계를 강물을 넘어 상생의 큰 바다로 이끌어갈 수 있도록 정부와 각 경제주체들의 적극적 노력과 협력을 배가해야 할 것이다.

4. 문화·인적 교류 분야

1) 한중 교류의 경과

현재 양국 간 문화, 인적 교류는 매우 양호한 추세를 보이고 있다. 인적교류는 1992년 수교 당시 13만 명에서 650만 명으로 49배 늘어났다. 현재 매주 약 840회의 항공편이 한국 7개 도시와 중국 30개 도시 간에 운영되고 있다. 양국 간 연간 상호 방문자 수가 650만 명에 달하고, 중국 내에는 장기거주 한국인이 65만 명이 있고, 한국 내에는 장기거주 중국인이 61만 명이나 있다. 현재까지 양국민간 국제결혼하여 한국 내 거주하는 경우도 12만 건이 넘는다. 최근에는 SNS 등 뉴미디어를 통한 양 국민 간 직접적인 소통도 증가하고 있다. 한마디로 양 국민들이 서로 함께 섞여서 소통하면서 살아가고 있다고 할 수 있다.

이에 따라, 양국에서 한류(韓流)와 한풍(漢風)이 계속 확산되고 있다.

중국어와 중국문화를 소개하는 공자학원이 전 세계에서 한국에 제일 먼저 설립되었다. 중국어 능력을 테스트하는 한어수평고시(HSK)는 응시생 중 절반이 한국인일 정도로 중국어에 대한 관심이 높고, 중국 내에는 한국 드라마, K-pop 등 한류의 열기가 뜨겁다. 그리고 중국에서 공부하는 한국인 유학생과 한국에서 공부하는 중국인 유학생이 각각 6만 명을 넘는데, 중국과 한국 내 외국인 유학생 중 가장 많다. 이처럼 서로의 언어, 문화에 대한 관심은 세계 어느 나라에서도 그 유례를 찾기 힘들 정도로 높다.

"문화는 물과 같아 소리 없이 만물을 적신다(文化如水 潤物無聲)."

방한한 중국 원자바오(溫家寶) 총리가 한국 국립극장에서 '한중 교류의 해' 개막식 치사에서 언급한 말로서 문화의 의미를 불과 여덟 개 한자로 적절히 잘 풀이하고 있다. 수교한 지 채 몇 년도 안 되어, <대장금>의 이영애를 필두로, 김희선, 장동건, 강타, 강동원, 원더걸스 등 '한류스타'들이 중국 대륙을 뒤흔들었다. <대장금>을 방영하는 날은 베이징 거리가 쥐죽은 듯 고요하였다고 한다.

아래 내용은 2009년 10월 13일자 <인민일보> 자매지 <환구시보(環球時報)>의 보도를 인용한 자료이다. 중국에 거주하는 한국인은 100만 명을 돌파하였다. 대략, 베이징 20만 명, 칭다오 10만 명, 상하이 7만 명 그리고 톈진에 5만 명이 거주하고 있다. 한국인이 1만 명 이상 거주하는 도시만도 14곳에 이르고 있다. 한국기업도 4만여 개가 진출하여 활동하고 있다.

특히 베이징의 왕징(望京), 선양의 시타(西塔), 칭다오의 청양(城阳)

등은 코리아타운이 잘 형성돼 있다. 아름다운 해변도시, 칭다오는 인천과 지척의 거리에 있고 한국 사람들이 밀집해 있어 '인천시 청도구'라고도 불린다.

한국 사람들의 '한류(漢流)' 열풍 또한 뜨겁다. 2007년 자료에 의하면, 중국에 유학한 외국인 유학생 20여만 명 중에 한국유학생이 6만 7천여 명에 이르고 있다. 외국인 유학생 세 명 중 하나는 한국인 유학생인 셈이다. 2위인 일본인 유학생 수는 1만 8천여 명, 3위인 미국인 유학생 수는 1만 4천여 명에 불과하다. 중국유학 열기가 일본이나 미국의 그것에 비해 얼마나 뜨거운지 가히 짐작하고도 남는다.

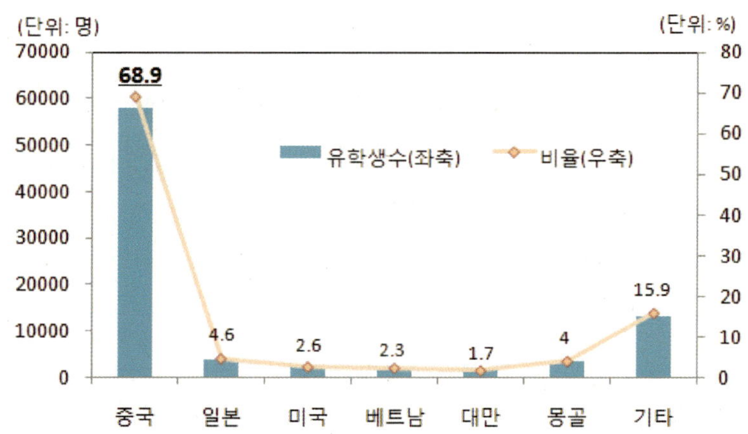

출처: 교육과학기술부('10.4.1. 기준)

국내 외국인 유학생 추이

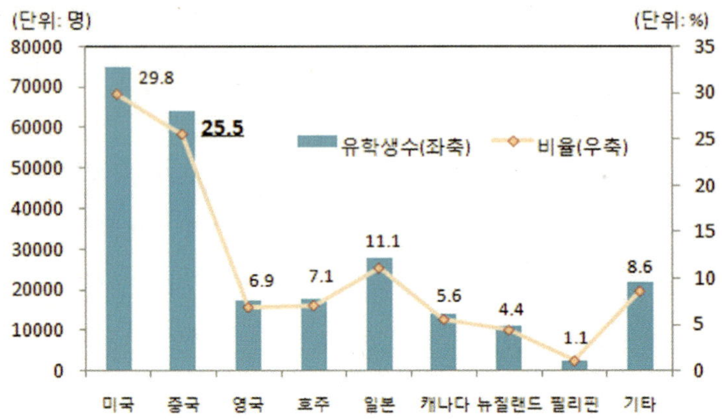

출처: 교육과학기술부('10.4.1. 기준)

국외 외국인 유학생 추이

중국인의 한국 방문객 수도 매년 급증하고 있다. 작년 한 해 약 220 만 명이 한국을 방문하였다. 지난 설날에도 중국인 5만 명이 한국을 다녀갔다. 중국인 유학생 수도 8만 명에 이르고 있다. 고려대, 연세대 두 대학에만 5 천명에 달하는 중국 유학생이 공부하고 있다. 양 대학 캠퍼스에 중국학생들이 넘쳐난다. 상당수 지방대학들도 중국 학생들 로 머릿수를 채우고 있다.

한편, 양국 간 교류가 날로 무르익어 가는 시점에서 아쉬운 점들이 한두 가지가 아니다. 일부 대학들이 자질이 부족한 중국학생들을 불 러다가 무조건 학점을 줘서 내보내는 '학위 공급소'로 전락하고 있다. 상당수 중국학생들은 공부는 안 하고 식당, 공장 등에서 아르바이트 하기에 바쁘다. 아예 곧 바로 직업전선에 뛰어들기도 한다. 공부는 뒷 전이고 돈 벌 궁리만 하다가 귀국길에 올라서는 한국을 욕한다는 서 글픈 얘기도 들린다.

(단위: 만명)

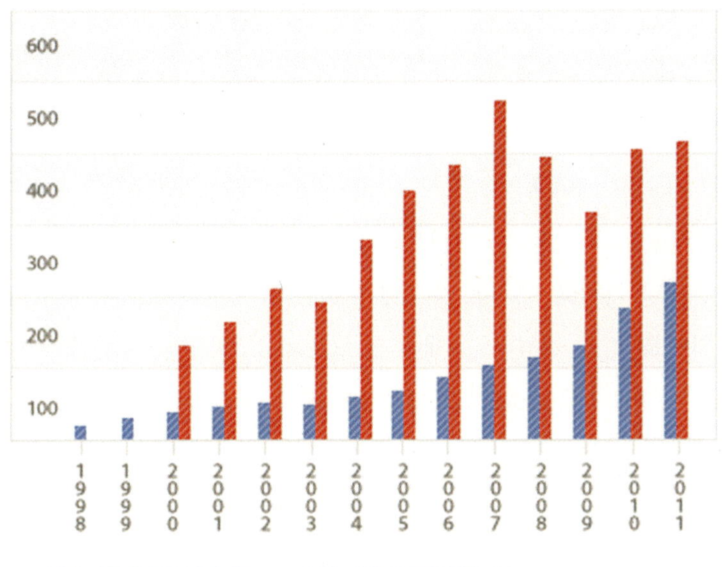

* 한국방문 중국인 입국자수 출처: 중국 국가여유국
* 중국방문 한국인 입국자수 출처: 한국관광공사(법무부 출입국사무소 UNWTO의 권고안에 의해 가공된 관광통계 자료임

한중 양국 방문자 추이

2) '복합형인재' 양성의 필요성 대두

중국에 진출한 중소기업 중 80~90%는 실패하여 손 털고 나온다고 한다. 대부분 너무 성급하게, 속을 잘 알 수 없는 '자장면 나라'에서 쉽게 '아리랑 굿판'을 벌이고 있기 때문이다. 한국인 사장들은 중국문화와 중국어도 모른 채 골프장, 발 마사지센터, 룸살롱 위치부터 확인한다. 그리고 몇 차례 접대를 통한 설익은 '꽌시'를 통해 '형님!", "아우!" 말을 트며 사업을 시작한다. 그러니 백전백패할 수밖에 없는 것이다.

한국 유학생도 문제가 많다. 진정한 실력을 갖춘 인재는 찾기 힘들다. 중국에서 비싼 학비를 들여가며 10년 이상 머물고도 반풍수(半瓶醋), 선무당 소리를 듣지만 정작 필요할 때 써먹을 수가 없다. 진정한 '중국통'이 되기란 쉽지 않다. 옛적의 서양선교사들처럼 중국에 뼈를 묻을 각오를 해야 한다.

고운(孤雲) 최치원은 12살에 당나라에 유학하여 29세에 귀국할 때까지 17년 가까운 세월을 중국에 머물렀다. 빈공과(賓貢科)에 합격하여 지방 관리를 거쳤다. 24세에 황소(黃巢) 토벌 전쟁에 참가하여 유명한 '토황소격문(討黃巢檄文)'을 지어 황소의 간담을 서늘케 하였다. 고운 선생은 말과 문장, 외교력, 담력, 지도력 등을 고루 갖춘, 당나라와 신라에서 필요로 하는 복합형 인재였다. "중국 전문가가 없다"라며 책상에 앉아 한탄만 하고 있을 일이 아니다. 13억 인구 대국, 중국에 맞설 '복합형 인재'를 길러내야 하는 것이 정책당국의 초미(焦眉)의 과제이다.

5. 역사인식

2011년 11월과 12월, 중국 CCTV에서는 <창바이산(長白山, 백두산)>이라는 다큐멘터리를 방영했다.

방송에는 발해가 당나라의 지방정권이며 발해를 세운 주체도 중국 동북지역의 소수민족이라고 주장했으며, 양국 교역로는 조공로로 바꾸었고, 나라를 세운 대조영이 중국 사신 앞에 무릎을 꿇고 책봉을 받는 연출 장면까지 중국 전체에 방영이 되었다.

이는 우리나라 역사를 중국의 것으로 만들려는 역사왜곡, 이른바 '동북공정'의 수많은 과정들 중 하나이다.

중국의 역사왜곡 프로젝트(工程)에 대해 살펴보자. 중국말의 '공정'이란 프로젝트를 뜻하는 말이다.

중국은 현재 8개 지역의 역사왜곡을 위한 공정을 추진 중이거나 추진을 마친 상태이다.

대부분 동남아시아에서 중국 한족을 제외한 모든 민족의 역사를 연구하여 한족중심의 거대 중화권의 새로운 역사로 재편하여 이 지역에 대한 역사적 연고권을 주장하여 사전에 이 지역의 역사를 중국사로 공언함으로써 차후에 무력에 의한 영토를 합병하거나 합병을 위한 준비작업을 하고 있다.

중국의 역사왜곡 공정을 살펴보면 다음과 같다.

1) 단대공정 · 탐원공정

① 단대공정: 중국이 한족중심의 거대 중화국의 역사를 세우고자 중원상고사를 연구하는 프로젝트를 단대공정이라 하며 다른 기타 공정들의 상위개념으로 단대공정은 1998년 시작하여 2000년에 끝났으며 그 내용은 주로 중국 상고사인 하나라, 상나라, 주나라의 역사를 재정립하는 것이다.

② 탐원공정: 2003년 이후 시작한 프로젝트로 하나라, 상나라, 주나라 이전의 상고시대로 자기들조차 전설이나 신화로 믿어오던 삼황오제시대를 자기들의 역사로 편입하는 작업으로 우리 민족의 고조선시대의 역사는 물론이고 치우천황(배달국 제14대 천

황)을 자기 조상으로 만들어 버렸다.

뿐만 아니라 발해·고구려를 차례로 자기네 역사로 만들어서 그 문화의 뿌리이자 인류 시원문화인 홍산문화까지 모두가 자기네들 것이라고 우기는 것이 바로 탐원공정이다.

2) 서남공정·서북공정

① 서남공정: 1986년 시작된 프로젝트로 아직도 진행 중이며 그 내용은 중국이 강제로 합병한 티베트 지방의 역사·지리·민족문제 따위를 연구하여 자기들의 한족역사로 왜곡하는 사업으로 중국 사회과학원 산하 중국장학연구중심의 소속 130명이 매달리고 있다. 연구의 핵심은 '한장동원론'으로 중국의 한족과 티베트의 장족은 문화와 언어의 뿌리가 같다는 주장이다

② 서북공정: 동북공정과 같이 2002년부터 시작했으며 신장위구르의 민족과 역사 및 영토주권과 관련해 추진하는 거시적 국가발전계획의 하나로 변강사지역구중심에서 담당하며 현재 진행 중에 있다. 서남·서북공정은 우리 한민족 역사를 왜곡하는 동북공정의 원조라고 볼 수 있다.

3) 동북공정

동북공정은 '동북변강역사여현상계열연구공정(東北邊疆歷史與現狀系列研究工程)'의 줄임말로, 중국 동북 변경지방(지린성·랴오닝성·헤이룽장성)의 역사의 역사와 현황에 대한 일련의 연구 작업을 뜻한다.

2002년부터 2006년까지 5년 계획의 이 프로젝트는 중국 사회과학원 소속 변강사지연구중심(邊史地구研究中心)이 주관이 되어 추진하여 왔다.

● 동북공정(東北工程)이란?

'동북 변강역사와 현상황에 대한 계역연구 공정(東北邊疆歷史與現狀系列研究工程)'의 줄임말로 중국 동북 3성 지역(헤이룽장성, 지린성, 랴오닝성)에서 일어난 과거 역사와 그로 인해 파생되어 나온 현대사·미래사를 연구하는 사업이다.
주요 내용은 '중국 국경 안에서 일어난 모든 역사는 중국의 역사'라는 것이며 따라서 한국의 고대사인 고조선과 고구려, 발해 역사도 고대 중국 역사의 일부분이라는 주장이다.
학술적 차원을 벗어나 고구려·발해 유적지를 훼손시키고 표지판이나 안내문 학교의 교재 등을 통해 거짓 역사를 일반인들에게 퍼뜨리며 역사 왜곡과 문화말살을 진행하였다.

동북공정이 우리 한민족에게 문제가 되고 있는 것은 동북공정에서 다루고 있는 내용들 중 고구려사를 비롯한 고조선, 발해 등 압록강 이북의 만주지역의 한국 고대사와 관련된 연구들이 한국사를 크게 왜곡하고 있기 때문이다.

중국은 고구려를 중국의 소수민족이 세운 지방정권이라고 보아 고구려사를 중국사의 일부라고 하는 견해를 계속적으로 주장해 왔다. 중국은 고구려사뿐만 아니라 고조선사와 발해사까지도 한국사의 영역에서 제외시키고 있다.

동북공정을 추진하는 이유는 동북지역의 전략적 가치가 증대함에 따라 이 지역에 대한 역사적 연고권을 주장하여 사전에 이 지역의 역사를 중국사로 공언해 둠으로써 북한의 붕괴나 남북통일 등 향후의 상황 변화에 대비하려는 것이다.

따라서 북한의 김정일 정권에 문제가 생기면 중국군은 '조중상호 방위조약'에 의하여 자동적으로 북한에 개입을 하게 될 것이며 개입 후 중국은 "한강이북은 원래 고구려의 영토이므로 우리는 침략을 한 것이 아니라 우리의 옛 강역을 되찾은 것이다"라는 주장을 하게 되고 그렇게 되면 동북3성이 아니라 동북4성이 될 수 있음은 주지의 사실 이다.

중국은 동북지방에 대한 영토분쟁에 대한 불씨를 없애 버리고 나 아가서는 북한마저도 중국의 영토 내로 복속시키려는 작업을 속속 진행시켜 왔고 이제 그 작업이 끝난 것이다.

4) 북방공정·남방공정·해양변강공정

북방공정은 몽골지역, 남방공정은 미얀마·태국·베트남 등의 지 역이며 해양변강공정은 대만·오키나와·필리핀 등이 연관된 역사 공정이다.

6. 나오는 말

수교 20년을 맞이하는 이 시점에서 중국과의 관계를 전반적으로 되돌아보고, 보다 높은 곳에서 멀리 보며 관계를 발전시킬 수 있도록 우리의 외교전략을 더욱 정교하게 가다듬고 이를 수행하는 체제를 보강하는 것이 필요하다고 본다.

2012년에는 한국과 중국 모두 새로운 지도자가 선출되는 해이다. 우리는 앞으로 5년간 한반도 평화를 유지하고 남북화해와 통일의 길로 우리를 이끌어갈 조타수를 뽑게 된다. 국제관계 특히 미·중·일·러 등 주변 4강과 북한에 대한 이해가 깊고 원대한 외교비전과 이를 치밀하게 집행할 수 있는 역량을 갖춘 외교대통령이 탄생되기를 기원한다.

참고문헌과 읽을거리

KDI 한국개발연구원, "한중수교20주년, 새로운 20년을 준비한다", 월간『나라
　　경제』2012년 3월호.
강성현, "한중수교 20년 성과와 반성",『THEAsiaN』, 2012.3.12
방수옥,『중국의 외교정책과 한중관계』, 인간사랑, 2004.
서진영,『21세기 중국외교정책, 폴리테이아, 2006.
쉬바오 캉, "옥이 부딪치듯 조화로운 소리를 낼 한중관계를 위하여",『친디아
　　저널』2009년 3월호.

이규태,『현대한중관계론』, 범한서적주식회사, 2007.
이동률, "수교 이후 한중 정치관계의 회고와 전망,"『중소연구』Vol.26 No.3,
　　한양대학교 아태지역연구센타, 2002.
이면우·김찬완·고재남·정은숙·유달승,『한국의 대개도국 외교: 과거 현
　　재 미래』, 한울아카데미, 2009.
이영주,『중국의 신외교 전략과 한중관계』, 나남, 1998.
이재석·조성훈,『한반도 분쟁과 중국의 개입』, 선인, 2012.
이종석,『북한-중국관계 1945-2000』, 도서출판 중심, 2000.
진승우, 기획재정부 대외경제국 대외경제총괄과 2012.1.30.

외교통상부 한중수교 20주년 (http://www.koreachina2012.org/)

제3장

한중수교 20년의 정치·외교적 명암과 한반도의 미래

이 상 숙[*]

1. 들어가는 말
2. 한중수교 20년의 정치·외교적 성과와 갈등
3. 중국의 초강대국화와 한반도의 미래
4. 나오는 말

[*] 부산외국어대학교 중국어학부 외래교수

1. 들어가는 말

1992년 8월 24일, 한중수교가 정식 체결된 후 양국은 정치·경제·사회 각 분야에 걸쳐 괄목할 만한 성과를 거두었다. 그러나 이에 못지않은 난제 또한 곳곳에 산적해 있다. 다시 말해 올해로 성년의 나이에 접어든 한중수교는 양국의 이해가 맞아떨어지는 경제는 여전히 뜨겁지만 역사·문화·정치·외교 분야에서는 마찰이 끊이지 않고 있다. 예를 들어 북한 소행이 확실한 천안함 사건과 연평도 포격에 대해 중국은 북한 편들기에만 급급하다든지 김정일 사후에도 지나치리만큼 주변국의 북한 자극을 제지하는 등 한국을 배려하지 않는 북한 감싸기에 몰두해 왔다. 그리고 배타적경제수역(EEZ) 획정을 놓고도 첨예하게 대립하고 있는 이어도 문제, 동북공정, 2012년에 완성 예정인 청사(淸史)공정 등이 그것이다. 이 같은 문제는 양국 국민 모두 지나치게 국수적이고 민족주의적인 성향을 감안하면 언제 터질지 모르는 뇌관을 안고 있는 셈이다. 이처럼 민감한 난제를 어떻게 조율하고 미래지향적으로 풀어갈 것인가는 향후 한중관계뿐만 아니라 한반도의 운명과도 직결되는 중요한 문제이다.

한중관계는 2008년에 이미 중국이 정한 대외관계에서 가장 높은 단계인 '전략적 협력동반자 관계'로 발전했다. 그러나 이름에 걸맞은 협력이 잘 이루어지고 있는지에 대해서는 여전히 회의적이다. 즉 경제 분야에서는 유례없는 발전이 이어지고 있지만 정치·외교·안보 분야에서는 갈등이 되풀이 되어 나타나고 있다. 이 갈등의 핵심은 북한 핵문제이고 이 문제에 관한 한 양국의 견해차가 워낙 커 한중관계가 진정한 동반자의 관계로 나아가지 못하고 있다. 그리고 북한 핵문제는 한중관계뿐만 아니라 미중관계를 악화시키는 원인으로도 작용하고 있다. 이처럼 북중관계는 한중관계와 미중관계에도 영향을 미치고 미중관계는 또다시 한반도의 운명과도 직결되어 있다.

한중수교 20년을 돌아보면 우리의 대중 경제의존도는 해를 거듭할수록 높아지고 있는 반면 중국에 대한 한국의 존재는 갈수록 미미해지는 비대칭 구조가 형성되고 있다. 우리의 대중 의존도가 높을수록 한국의 선택지는 좁아질 것이고 패권경쟁이 가속화 되는 미중 사이에서의 역할공간도 줄어들 수밖에 없다. 이 글에서는 이 같은 역학구도 속에 한중수교 이후 양국관계의 급속한 진전에 따른 정치·외교적 성과와 갈등 그리고 중국의 부상에 따른 한반도의 미래를 중심으로 정리한다.

2. 한중수교 20년의 정치·외교적 성과와 갈등

1) 한중관계 발전과 정치·외교적 성과

미소 양대 진영을 중심으로 한 1950년대의 이데올로기는 한반도에 소련과 중국을 중심으로 한 사회주의 체제와 미국을 중심으로 한 자유민주주의 체제라는 양극체제를 탄생시켰다. 이 같은 상황은 1991년 남북한 유엔 동시 가입으로 두 개의 한국이 공식화 되었고 한반도의 분단은 고착화 되었다. 70년대 이후 전 세계적으로 데탕트 분위기가 형성되면서 미소를 중심으로 한 양극체제가 막을 내리고 국제사회는 각국의 실리외교에 입각한 경제 질서로 재편되었다. 중국 또한 마오쩌

등 사후 보다 유연한 자세로 중국식 사회주의를 표방하면서 대외정책을 개선해 나갔다. 즉 경제적 잠재력을 무기로 한 주변국과의 관계개선은 물론 미국을 비롯한 선진국과도 정치·외교의 폭을 넓혀 강력한 국가로 성장해 왔다. 그리고 G2로 미중 관계 설정에 성공한 중국은 예전의 구소련을 대신해 국제사회에서 영향력을 넓혀가고 있다.

1992년에 체결한 한중수교는 한국전쟁 이후 단절되었던 양국 관계가 다시 복원되는 계기가 되었고 이전의 한중관계가 북중관계와 한대만 관계에서 북중관계와 한중관계로 다시 재편되었다. 이 때문에 한국은 중국과의 관계 정상화를 위해 한중수교 하루 전인 1992년 8월 23일 전통적 우호관계를 유지해 왔던 대만과는 단교를 선언했다.

한국의 한중관계 개선 의지는 박정희 대통령 시기로 거슬러 올라간다. 1978년 11월 1일 당시 박정희 대통령의 외교안보 특별보좌관이던 김경원(金瓊元)은 홍콩프레스클럽에서 가진 기자간담회를 통해 한국이 중국과의 관계 개선을 희망하고 있음을 밝혔다. 그리고 같은 해 11월 17일 박동진(朴東鎭) 외무장관도 한국정부는 공식적인 외교관계를 맺지 않은 공산권 국가와의 통상활동도 허용할 것임을 천명함으로써 중국과의 관계 개선을 피력했다(정재호, 2011). 이 시기는 중국이 개혁개방의 닻을 막 올린 때이고 한중 간에는 이미 간접적인 경제교류가 시작되고 있었다. 그러나 한중수교를 위한 행보는 북방외교를 선거공약으로 내건 노태우 대통령에 이르러서야 본격화되었다. 당시 한소(韓蘇)수교를 마무리 지은 한국정부는 여러 채널을 통해 중국과의 수교 희망을 드러냈으나 중국 측의 답변을 듣지 못했다. 미온적인 태도를 견지하던 중국도 1989년 천안문 사태 이후 주변국과의 선린 우호 관계가 필요했고 또 1991년 남북한 유엔 동시가입으로 인해 '두 개의 한국' 논쟁과 '하나의 중국' 원칙 간의 연계를 털어버릴 수 있었다. 이때부터 중국은 한국에 대한 호칭도 남한(South Korea)이 아닌 대한민국(Republic of Korea) 사용을 공식화 했고(정재호, 2011), 이듬해 1992년 8월 24일 베이징에서 한중수교가 정식 체결되었다.

● 천안문사건(1989)

천안문사건은 1989년 6월 4일, 후야오방(胡耀邦)의 사망을 계기로 천안문 광장에 모인 학생과 시민들의 민주화 시위를 중국 정부가 무력으로 진압한 사건이다. '6·4 천안문사건, 6·4사건, 천안문 사태, 베이징 대학살 사건' 등으로도 불린다. 덩샤오핑은 중국 공산당 내 개혁파인 후야오방과 자오쯔양(趙紫陽)을 자신의 후계자로 정하고 그들을 정치적으로 후원했다. 그러나 1982년, 당 총서기에 취임한 후야오방은 덩샤오핑의 기대와 달리 사상해방, 언론자유, 개인자유의 신장, 법치주의, 당내 민주화 등 과감한 정치개혁을 추진했다. 이러한 정치 개혁은 당내 보수파들의 반발을 불러왔고, 결국 후야오방은 당 총서기직에서 물러나야 했다.
1989년 4월 15일, 후야오방이 오랜 침묵 끝에 사망했다. 중국의 시위사태가 후야오방의 사망을 계기로 시작되었다고는 하나, 보다 근본적인 원인은 덩샤오핑을 중심으로 한 실용파가 추진한 정책의 부작용에서 비롯되었다고 할 수 있다. 즉 개혁·개방정책이 중국인의 생활수준 향상과 함께 제반 정치·경제적 문제도 수반함에 따라 정부에 대한 불만이 심했기 때문이다. 그 불만은 중국 공산당에 대한 비판으로 이어졌고, 후야오방의 정치개혁 노선은 많은 이들의 공감을 얻었다. 당시 덩샤오핑은 경제 개혁을 통해 중국의 근대화와 강대국 도약을 추진했지만, 정치개혁은 시기상조로 여겨 유혈진압으로 강력대응하면서 엄청난 희생을 낳았다. 공식 발표로는 민간인 사망자 300여 명, 부상자는 7천여 명이고, 비공식 집계로는 5천여 명 사망, 3만여 명 부상이라는 주장도 있으나 확인되지는 않고 있다. 그 후 중국 공안부는 1990년 7월 10일, 제5차 국무원 보고에서 민간인 사망자 875명, 부상자는 약 14,550명, 군인은 56명 사망, 7,525명의 부상자가 발생했다고 발표했다.

한중수교 이후 양국은 정치·외교 분야를 포함한 비정치, 비경제적인 분야에서도 많은 성과가 있었다. 즉 양국 정상의 방문을 통한 인적교류는 물론 환경, 보건, 문화, 교육, 과학기술 등 실무 차원의 업무 협의도 정기적으로 이루어지고 있다. 그리고 마약, 테러, 기후변화 등 비 전통안보 영역에서의 협력도 활성화되었고 양국 관심사 이외의 동북아 지역 및 국제문제 등 광범위한 방면에서 효과적인 성과를 거두었다. 또 지방정부 차원의 교류도 빠르게 확산되어 한국의 거의 모든 지방 자치단체들이 중국의 성·도시와 자매 결연을 맺고 있고 공관 수 또한 수교 초기에는 한두 곳에 불과하던 중국주재 한국 총영사관도 지금은 8개로 늘어났다. 한마디로 수교 이후 지난 20년간의 양국 관계 발전은 세계사에서 유례가 없을 만큼 긍정적이었다고 평가할 수 있다.

한중관계 발전은 1992년 수교 당시의 "우호협력관계"에서 1998년 11월, 김대중 대통령의 중국 국빈 방문을 계기로 "21세기를 향한 한중 협력동반자 관계"로 발전했다. 2003년 7월에는 당시 노무현 대통령이 중국을 국빈 방문하여 후진타오 주석과 회담을 통해 양국관계를 "전면적 협력동반자 관계"로 발전시켜 선린우호와 호혜협력의 새로운 시대를 열었다. 그리고 2008년 5월, 이명박 대통령은 중국 방문에서 양국관계를 "전략적 협력동반자 관계"로 승격시켰고 같은 해 8월 중국의 후진타오 주석이 한국을 공식 방문하여 한중 양국의 상호 중요성을 함께 인식한다는 공동성명을 발표했다.

위와 같이 한중 양국 관계는 20년의 과정을 거치면서 발전을 거듭해 왔다. 특히 이명박 정부에서 양국이 설정한 "전략적 협력동반자 관계"는 중국이 정한 대외관계에서 가장 높은 수준의 외교관계이다.

물론 중국의 외교관계에서 최고 단계는 북한과의 관계인 "전통적 우호협력관계"이다. 이전에는 '혈맹'이라는 단어로 표현 했지만 최근에는 이 같은 단어를 사용하지 않기 때문에 북한과의 관계를 전통적 관계로 규정 짓는다. "전통적 우호협력관계"는 북한 밖에 없으며 북중관계의 특수성을 잘 반영한다고 할 수 있다. 다음은 한중관계의 발전을 <표 1>과 같이 정리한다.

<표 1> 한중관계의 발전 과정

구분	시기	양국관계 설정
1단계	노태우 정부 및 문민정부 (1992~1997)	1992년 8월24일, 한중수교 "우호협력관계"
2단계	국민의 정부 (1998~2002)	1998년 11월, 김대중 대통령 방중 "21세기를 향한 협력동반자관계"
3단계	참여정부 (2003~2007)	2003년 7월, 노무현 대통령 방중 "전면적 협력동반자관계"
4단계	이명박 정부 (2008~)	2008년 5월, 이명박 대통령 방중 "전략적 협력동반자관계"

2) 북한문제와 정치·외교적 갈등

(1) 북한 핵문제

한중관계 발전을 어렵게 하는 핵심문제는 바로 북한문제이다. 즉 북한 핵문제와 북한의 군사도발 그리고 탈북자 처리문제를 둘러싸고 양국 간에 끊임없는 마찰이 빚어지고 있다. 위에서 본 바와 같이 한중 관계는 이미 "전략적 협력동반자"의 관계로 격상되어 각 분야에서 경이적인 성과를 거두고 있다. 특히 경제 분야에서는 유례가 없는 획기적인 발전을 거듭하고 있지만 북한 문제에 있어서는 접점을 찾지 못한 채 갈등이 되풀이 되고 있다. 다시 말해 한중 양국이 때로는 협력하기도 하지만 한반도에 대한 정치·외교적 목적이 근본적으로 다르기 때문에 마찰이 빚어지고 있다.

북한 핵문제는 1993년 1차 핵위기 발생 이후 동북아의 평화와 안정을 위협하는 핵심 이슈가 되었다. 그리고 20여 년의 세월이 흐른 지금에도 북핵 위기는 사라지지 않고 한반도는 물론 동북아 더 나아가 전 세계를 긴장시키고 있다. 즉 북한은 2006년 10월과 2009년 5월, 2012년 4월에도 핵실험을 감행하여 한반도를 긴장 속에 몰아넣었다. 북한 핵문제는 당사국인 한국과 북한은 물론 우방국인 미국과 중국 간에도 외교적 마찰을 끊이지 않게 하고 있다. 다음은 1·2차 북핵 위기와 북한의 미사일 발사 및 실험을 <표 2>, <표 3>에서 정리한다.

〈표 2〉 1·2차 북핵 위기 비교

	1차 북핵 위기	2차 북핵 위기
발단	- 북한 NPT탈퇴 선언(1993.3.)	- 북한, 고농축우라늄(HEU)프로그램 보유 시인(2002.10.)
전개	- 유엔 안보리 대북결의안 채택, 북한에 핵안전협정 이행 촉구(1993.5.) - 북한, 북미 뉴욕 고위급회담 후 NPT탈퇴 유보(1993.6.) - IAEA특별이사회 대북 결의안 채택(1994.3.) - 북한 5MW원자로 연료봉 재처리 시작(1994.5.) - IAEA이사회 대북제재 결의안 채택(1994.6.) - 북한 IAEA 공식탈퇴(1994.6) - 미국, 북한 핵시설 폭격 검토(1994.6)	- KEDO, 대북 중유공급 중단 발표(2002.11.) - 북한 영변 핵시설 재가동 선언 (2002.12.) - 북한 NPT 탈퇴 선언(2003.1.) - 1차 6자회담 개최(2003.8.) - 북한 외무성 대변인, 연료봉 재처리 완료 발표(2003.10.) - 2차 6자회담 개최(2004.2.) - 3차 6자회담 개최(2004.6.) - 북한 외무성 핵보유 선언(2005.2.)
종결	- 카트 전 미 대통령 방북, 북한 핵동결 수용(1994.6) - 북미 제네바 합의문 서명(1994.10)	[전망] - 6자회담 재개로 타협국면 돌입 - 북한의 핵실험 등 추가 조치로 한반도 긴장 고조

출처: 원재연. "[1·2차 核위기 비교] 核보유 기정사실화… 상황 더 심각", 『세계일보』, 2005.5.11.

<표 3> 북한의 미사일 발사 및 실험

연도	미사일 발사 및 실험
1998	북한 광명성 1호 발사
2006.10.	북한 장거리 미사일 발사 실험
2009.5.	북한 광명성 2호 발사
2012.4.	북한 광명성 3호 발사

한국에게 북한은 군사분계선을 사이에 둔 적국인 동시에 종국에는 평화통일을 이루어야 할 대상이다. 이 때문에 한국은 북한의 군사적 위협으로 인한 불안과 영구적인 한반도 분단에 대한 우려를 불식시키기 위해 가능한 모든 수단을 동원하여 북한 핵개발을 저지하고 한반도 비핵화를 실현하려 하고 있다. 중국 또한 한반도의 비핵화와 평화안정에는 원칙적으로 동의한다. 그러나 중국의 비핵화와 한반도 평화유지 입장에는 한국과 많은 차이가 존재한다.

첫째, 한반도 비핵화 범위에 대한 견해차이다. 한국은 미국, 일본과 함께 북한 핵의 완전 폐지를 주장하는 반면 중국은 북한뿐만 아니라 한반도의 비핵화 및 전쟁위협 제거를 주장한다. 즉 한미 군사합동훈련이나 서해안의 미군 전투기 배치 등을 포함한 일체의 군사적인 위협요소 제거를 주장하고 있다.

둘째, 중국은 자국의 지속적인 경제발전을 위해 안정적인 주변 환경이 필요하다고 생각한다. 중국은 한반도에 '2개 한국'의 안정적인 공존을 바라며 북한의 핵문제가 확대되어 북한이 주변국과 유엔에 의해 제제를 당하거나 고립되는 것을 원치 않는다. 당연히 북한이 붕괴되거나 한국에 의해 흡수통일 되는 상황도 원치 않는다. 왜냐하면 이 같은 상황은 중국의 비상(飛翔)에 장애요인이 될 수밖에 없기 때문이다.

셋째, 북한은 미국을 비롯한 주변국의 군사·외교안보 위협에 대한 완충지대로서 중요한 의미를 가진다. 중국은 북한과 1,300㎞에 달하는 국경선을 마주하고 있기 때문에 북한 핵문제와 군사도발이 중국정부에도 부담이다. 그러나 북한은 중국에 대해 지리적 완충지로서의 중요한 전략적 의미를 가진다.

넷째, 중국은 한미동맹과 미일동맹이 강화 될수록 미국 견제를 위해서도 북중관계를 견고히 할 것이고 북한카드를 포기하지 않을 것이다. 중국 또한 북한의 핵무기 개발과 핵실험 더 나아가 핵보유 가능성에 대해 불편하지만 강력 응징하는 대신 북한을 안고 가는 자세를 취하고 있다. 따라서 유엔안보리에서 북한 제재를 반대하는 등 한국과 심한 갈등을 빚고 있다.

이처럼 양국이 정치·외교 방면에서 전략적 협력이 잘 안 되는 근본적인 원인은 북한의 존재와 중국의 대 한반도 정책에 있다 하겠다. 한미동맹과 북중동맹의 대결구도 속에 한국과 중국의 안보이익이 일치하지 않기 때문에 양국의 협력은 한계를 가질 수밖에 없다. 문제는 이 같은 한계를 극복하기 위한 노력조차 부족하다는 점이다. 전문가들은 수교 20주년을 맞아 이제는 협력의 패러다임을 바꿔야 한다고 지적한다. 지금까지 차이점을 인정하면서 공동의 이익을 확대하는 외교정책을 견지해 왔다면 지금부터는 북한 핵문제를 포함한 이해가 첨예한 사안에 대해서도 문제를 해결하려는 적극적인 자세가 필요하다는 주장이다.

다시 말해 2011년 중국과의 교역규모가 미국과 일본을 합한 것보다 많을 정도로 경제 분야에서는 괄목할 만한 성과를 이루었지만 정치·외교·안보 분야에서는 사정이 다르다. 특히 북한 관련 사안에서는 한중우호관계라는 말이 무색할 정도이다. 이처럼 수교 20년에 이른 한중 관계가 '전략적 협력'으로 발전하지 못하는 핵심적인 문제가 바로 북한 핵문제이다. 한반도 평화를 위협하는 핵심 요인인 북한 핵문제를 바라보는 중국의 인식은 '한국의 파트너'라기보다는 '북한의 혈맹'이라는 사실을 명확하게 보여주고 있다.

(2) 탈북자 북송문제

탈북자 문제는 이제 당사국인 북한과 중국, 한국은 물론 중국에 공관이 있는 세계 각국의 관심사가 되었고 특히 중국의 인권을 예의 주시하는 미국도 많은 관심을 보이고 있다. 북한의 탈북러시는 식량난이 악화되는 1990년대 중반에 본격화되어 오늘날까지 줄어들지 않고 갈수록 증가되는 추세이다. 이처럼 북한의 탈북자가 늘어나는 원인은 북한의 식량난이 심해지자 기아를 피해 북한을 탈출하는 '생존형'과 먼저 탈북한 사람들이 북한에 남은 가족이나 친척을 데려오는 '의존형'으로 나뉜다. 어떤 경우든 이들은 목숨을 걸어야 하고 설사 탈북에 성공하여 중국에 안착한다 하더라도 불법 체류자의 신분으로 언제 발각되어 강제 송환될지 모른 채 불안하게 살아가야 한다. 그리고 이들은 불법체류자의 신분이기 때문에 일을 해도 정상적인 임금을 받을 수 없고 결혼, 출산 등 여러 가지 문제가 따른다.

탈북현상은 북한의 입장에서 보면 자신의 국가를 불법 탈출하여 중국을 통해 남한으로 가겠다는 것 자체가 국제적인 망신일 뿐만 아니라 수치스러운 일이다. 중국의 입장에서도 여간 복잡한 사안이 아니다. 왜냐하면 대량의 탈북자가 국경을 넘어 무단 진입하여 조선족이 많은 지린성으로 몰려드는 현상은 소수민족 내의 치안에 문제를 야기할 수밖에 없다. 그리고 또 이들이 중국 주재 외국공관으로 진입하여 외교적 마찰을 일으키는 경우도 빈발하고 있어 중국은 이들 문제처리에 골머리를 앓고 있기 때문이다. 한국 입장에서도 간단한 문제는 아니다. 탈북러시가 북한정권 붕괴를 앞당긴다는 측면에서는 고무적인 일임에 틀림없다. 그러나 중국의 비인도적인 탈북자 강제 북송을 두고 한중 간에 외교적 마찰이 심화되는 것은 부담이 아닐 수 없다. 그리고 탈북자가 난민이 되어 한국으로 쏟아져 들어왔을 때의 문제도 간단치 않다. 즉 탈북자가 많아지면 탈북자의 정착지원금 등 경제적인 부분도 문제이기 때문이다. 현재 성인 한 명당 정착지원금은 2,942만 원에 영구임대아파트 보증금 754만 원을 포함하면 3,696만 원이다. 그리고 월 최저임금 474,600원과 다른 보조금을 받는 사람들의 지원금은 이보다 훨씬 더 많아진다. 따라서 탈북자의 규모가 커지면 한국으로서도 부담이 커질 수밖에 없다.

이처럼 탈북자 문제는 북한은 물론 중국과 한국 모두에게 간단한 문제가 아니지만 그 처리를 두고도 한중 간에는 서로의 이해가 달라 갈등을 빚고 있다. 그 동안 한국은 중국과 북한의 특수한 관계를 고려하여 탈북자 강제 북송 반대라는 공식적인 요구는 자제해 왔지만 비공식·비외교적 채널을 통해서는 중국에 강력하게 전달되었다. 그리고 최근 후진타오 주석의 방한과 이명박 대통령의 방중에서도 적극적으로 제기되었다. 또 한국의 종교단체, 인권단체, 시민사회 단체의 북한 인권개선과 중국의 비인도적 처사에 대한 불만의 목소리도 강도를 더해가고 있다. 그러나 이 같은 한국 측의 요구에도 불구하고 중국의 탈북자 처리는 20여년 간 '수색 – 체포 – 강제송환'이라는 틀 속에서 진행되어 왔다. 그리고 한중관계나 국제사회의 압력, 북한응징 등에 따라 시기별로 집중단속·묵인·완화정책을 되풀이 반복하고 있을 뿐이다. 특히 중국은 탈북자들이 중국 주재 외국공관에 진입하여 국제적인 문제가 된 경우에만 추방 형식을 통해 제3국을 거쳐 한국행을 허락했지만 대부분의 중국 체류 탈북자들에 대해서는 수색-체포-강제송환이 되풀이 되어 왔다.

중국은 1982년 「난민지위에 관한 협약」, 「난민지위에 관한 의정서」에 가입한 국가임에도 불구하고 탈북자를 난민으로 인정하지 않고 있다. 대신 중국은 1960년대 초 북한과 체결한 「북중 탈주자 및 범죄인 상호 인도 협정」과 1986년에 체결한 「국경지역 업무 협정」에 따라 탈북자를 색출하여 강제 송환하는 것을 원칙으로 하고 있다. 중국정부는 한국정부를 비롯한 국제사회와 유엔인권위원회 등이 탈북자에게 난민 지위를 부여하고 그에 맞는 처리를 해야 한다는 주장에 대해 "불법 월경자들이 있을 뿐 난민은 없다", "중국은 탈북자 문제에 대해 중국과 북한의 국경관리협정에 따라 불법 월경자를 송환할 의무가 있다. 그리고 북중 간에 처리돼야 할 문제이며 국제기구나 제3국이 관여할 문제가 아니다", "중국은 국제법상 난민 판정권을 갖고 있지만 유엔회원국이자 국제사회에서 독립주권으로 또 내부 정치상황이 안정된 한 나라의 국민을 난민으로 판정할 어떤 이유도 갖고 있지 않다. 이 때문에 이들이 난민협약의 규정에 부합되지 않는다는 게 중국의 변함없는 방침이다"라는 주장을 되풀이 해 왔다. 그리고 김정일 사망 후 탈북자의 강제 북송은 더욱 강화되는 추세를 보였다.

그러나 2012년 3월 26일, 서울에서 개최된 핵안보정상회의 때 후진타오 주석이 "한국입장을 존중해 원만히 처리되도록 노력하겠다"라고 밝힌 바 있고 또 같은 해 4월 13일, 북한이 미사일 발사의 구체적

인 계획을 사전에 중국 측에 알리지 않은 데 대한 중국 측의 불만과
이에 대한 응징인 것으로 추정되지만 어째든 이를 기점으로 현재는
탈북자 강제송환이 주춤해진 상황이다. 그러나 이 같은 상황이 계속
될 것으로 보는 것은 성급한 판단이다.

● 난민지위에 관한 협약

(Convention Relating to the Status of Refugees)

'난민지위에 관한 협약'은 국제사회에 널리 통용되는 난민에 대한 다자
조약이다. 1951년 7월, 제네바에서 채택되었고 보통 '난민협약'이라고
부른다. 난민협약에는 조약이 적용되는 시간, 지역적 범위가 제한되어
있었다. 즉 난민에 대한 일반적 정의에서 시간적으로는 1951년 이전, 지
역적으로는 유럽이라는 시간, 지역적 제한을 명시했다. 그러나 이러한
제한은 1967년에 채택된 난민지위에 관한 의정서(Protocol Relating to
the Status of Refugees), 보통 '난민의정서'라고 부르는 조약에 의해
철폐되었다. 이에 따라 '난민'이란 "인종·종교·국적·특정사회집단에
의 소속 또는 정치적 견해를 이유로 박해를 받게 될 것이라는 충분한 이
유 있는 공포 때문에 자국국적 밖에 있는 자 및 자국의 보호를 받을 수
없거나 또는 그러한 공포 때문에 자국의 보호를 원치 않는 자"이다. 위
의 '난민지위에 관한 협약'과 '난민지위에 관한 의정서'를 함께 가리켜
'국제난민조약'이라 한다. 1951년 7월 28일, 제네바에서 작성되었으며
1954년 4월 22일에 발효되었다.

그렇다면 중국은 한국과의 외교적 마찰과 국제사회의 비난 여론에
도 불구하고 탈북자 강제북송을 고수하는 원인은 무엇일까? 첫째, 북
중관계 지속을 통해 북한카드로 미국을 압박하고 동시에 국제사회에
서 영향력을 확대하기 위해서이다. 중국은 동북아에서 미국의 영향력

을 차단하기 위해 한미동맹이 강화될수록 북한을 자신들의 영향권 아래 두고 북한에 대한 보호 의무를 포기하지 않을 것이다. 둘째, 탈북러시가 북한의 붕괴로 이어지는 것을 원치 않는다. 중국은 북한체제가 붕괴되는 것을 원치 않을 뿐만 아니라 한반도에 2개의 한국이 현상유지 되기를 바라고 있다. 실제로 김정일 사망 후 대량의 탈북사태를 막기 위해 중국은 일시적으로 탈북자 단속을 강화하여 거의 매일 30명 정도의 탈북자를 북송한 것으로 알려졌다. 셋째, 탈북자에게 난민지위를 부여할 경우 북한 주민의 탈북을 자극하여 대량의 탈북자가 중국으로 몰려들 것이다. 이는 중국에 경제적 부담이 될 뿐만 아니라 중국 정부가 극도로 꺼리는 사회치안에도 큰 문제가 아닐 수 없다.

이처럼 탈북자 문제에 대해서도 한중 간 갈등이 지속되고 있지만 중국의 입장은 당분간 바뀌지 않을 것으로 보인다. 북한을 안고 가는 대한반도 정책이 바뀌지 않는 한 탈북자 처리에 있어 중국이 유연한 자세를 보일 가능성은 매우 낮다. 그리고 탈북자 신변처리에 대한 국제사회의 압박이 거세질수록 중국 당국의 단속은 강화되고 북송 조치는 가속화될 것으로 보인다. 한국과 국제사회의 압박이 중국을 더욱더 경직시킬 수 있다는 것이다. 중국은 탈북자 문제를 그 자체로만 보지 않는다. 이 문제에서 밀리면 국제사회가 가하는 중국 내 소수민족 문제 등 인권문제 전반에 영향을 줄 것이라는 강한 인식을 갖고 있다.

3) 이어도 문제

이어도는 한국 최남단 섬인 마라도에서 149km(81해리), 중국 측에서 가장 가까운 유인도 위산다오(余山島)에서 287㎞(155해리), 가장 가까운

무인도 퉁다오(童島)로부터는 247㎞(133해리), 일본 도리시마에서는 276㎞(160해리) 떨어져 있는 수중암초이다. 이어도는 해수면 아래 약 4.6m에 잠겨 있는 수중암초이기 때문에 파도가 심할 때만 그 모습을 드러낸다. 그리고 한국과 중국의 영해 12해리를 모두 벗어나 있어 어느 나라의 영토도 아니고 어느 나라의 영해에도 속하지 않아 영유권 분쟁 대상은 아니다. 다만 양국의 배타적경제수역(EEZ 연안으로부터 200해리, 370㎞)이 중첩되는 곳에 있어 양국은 1996년부터 EEZ 경계획정 협상을 통해 이어도 관할권 문제의 해결을 모색해 왔다.

> ● 이어도
>
> 이어도는 제주도의 전설에 나오는 섬으로 제주 여인에게는 고기잡이 나갔다 돌아오지 않는 남편과 아들이 잠든 곳이고 자신들도 결국 그들을 따라 떠나게 될 곳으로 굳게 믿는 환상의 섬이다. 1951년과 1973년 두 차례에 걸쳐 탐사를 실시했지만 실패했고, 1984년 제주대학교와 KBS가 공동 탐사를 진행하여 '파랑도(波浪島)'라 이름하고 이 암초가 전설 속의 이어도일 가능성이 있다고 했다. 이후 파랑도는 1987년 제주해양수산청에 의해 이어도로 칭해지다 2001년 국립지리원이 정식 '이어도'로 명명하면서 지금까지 불리고 있다.

이어도는 1900년 영국 상선 소코트라호가 향해 도중 발견한 수중암초이다. 당시는 이 배의 이름을 따 '소코트라 암초(Socotra Rock)'라 부르고 세계해도에도 기록되었다. 2001년, 한국정부의 국립지리원이 '소코트라 암초'를 정식 '이어도'로 명명하면서 지금까지 이어지고 있다. 이어도에 대한 한국 측 주장은 이어도가 지리적으로 우리 측에 더 가깝기 때문에 EEZ 경계획정이 확정되기 전이라도 명백한 우리의 수역에 속한다. 때문에 해양과학기지를 건설하고 운영하는 것은 정당한 권리행사로 앞으로도 계속 추진해 나간다는 입장이다. 이에 따라 우리정부는 해양연구, 기상관측, 어업활동 등을 위한 이어도 과학기지 설치를 위해 1995년부터 해저지형 파악과 조류관측 등 현장조사를 실시해 왔다. 또 EEZ 경계획정 협상과는 별개로 관할권이 우리에게 있다고 보고 2003년 6월, 이어도 정봉에서 남쪽으로 700m 떨어진 곳에 이어도 종합해양과학기지를 설치하고 해양조사 및 연구 활동을 진행 중이다. 즉 종합해양과학기지는 최첨단 해양, 기상, 환경 관측체계를 갖추고 해양 및 기상, 어장예보, 지구환경문제 및 해상교통안전, 연안재해 방지와 기후변화 예측에 필요한 자료를 실시간으로 수집, 제공하는 순수 우리의 기술로 건설된 최첨단 종합해양과학기지이다.

반면 중국 측은 이어도를 자신들의 이름인 쑤옌자오(蘇岩礁)라 부르고 이 쑤옌자오가 자신들의 수역에 속한다는 입장 또한 확고하다. 중국정부는 쑤옌자오가 한중 양국 EEZ 중첩지역에 있기 때문에 한국이 종합해양과학기지를 건설하고 운용하는 것은 법률적 효력을 갖지 않는다고 주장하고 있다. 그리고 2000년과 2002년 두 차례에 걸쳐 이의를 제기하고 부정기적 순항 감시를 진행했다. 또 2007년 12월에는 국가해양국 산하기구 사이트를 통해 이어도를 자국영토라 주장한 바 있고, 2011년에는 자국 EEZ를 침범했다며 이어도 인근에서 인양작업을 하던 한국 선박에 작업 중단을 요구한 적도 있다.

〈그림 1〉 한중 간 EEZ 주장

배타적경제수역은 유엔 해양법에 따라 각국 연안에서 200해리(약 370㎞) 거리에 있는 모든 자원에 대해 독점적인 권리를 인정하는 수역을 말한다. 그러나 양국 해안 간 거리가 400해리가 되지 않을 경우에는 문제가 되는데 유엔은 이럴 때 당사국이 별도의 협상을 통해 EEZ을 획정하도록 하고 있다. 위의 그림에서 보는 바와 같이 우리정부는 서해안·남해안과 중국 연안 간 중간 지점을 이은 중간선을 기준으로 EEZ 경계를 획정해야 한다는 입장인 반면, 중국은 지리적으로 중간선을 그어서는 안 되며 동중국해 연안 거주 주민 수, 해안선의 길이 등을 고려하여 EEZ를 획정해야 한다는 주장이다. 이와 같이 한국의 중간선 원칙에 의해 해양경계를 획정하면 이어도는 한국의 EEZ에 포함되지만 이와 달리 중국의 주장에 의해 획정하게 되면 중국의 수역이 넓어져 이어도는 중국의 EEZ 안에 포함되게 된다. 이처럼 양국은 EEZ 경계획정을 두고도 위의 그림과 같이 평행선을 걷고 있다.

양국은 EEZ 경계획정을 통해 이어도를 둘러싼 갈등을 풀 수 있다
는 점에는 공감하나 양측의 견해차가 워낙 커 합의점을 찾기가 쉽지
않은 상황이다. 이처럼 양국의 인식차가 큰 탓에 지난 16년간 수십
차례의 협의가 진행됐지만 아직까지 결론을 내지 못하고 있다. 물론
EEZ 획정이 외국의 사례를 봐도 짧게는 3~4년, 길게는 20년 가까이
걸린 사례가 있지만 이 문제는 언제든지 양국 간에 충돌과 갈등의 불
씨로 살아날 수 있다. 즉 양국 간의 관계가 원만하고 교류가 활발히
이루어지는 시기에는 수면 아래로 잠복해 있다가 정치·외교적 마찰
이 생겨 한중관계가 틀어지기 시작하면 언제든지 불거져 나올 수 있
는 골치 아픈 문제이다. 한일 간의 독도 경험이 말해주듯 좀 더 철저
하고 차분한 준비가 필요하다 하겠다.

3. 중국의 초강대국화와 한반도의 미래

1) 한중관계 발전과 북중관계의 변화

위에서 알아본 바와 같이 한중관계는 1992년 수교 당시의 "우호협
력 관계"에서 "전략적 협력동반자 관계"로 격상되었다. 그렇다면 이
와 같은 한중관계 발전이 북중관계 변화에도 영향을 미칠 수 있을 것
인가? 결론부터 말하면 한중관계 발전은 북중관계에 별다른 영향을
미치지 못하는 것으로 나타났다. 중국은 한국과의 수교를 위해 북한
달래기와 설득에 많은 공을 들여왔다. 그중 하나가 1991년 남북한
UN 동시 가입을 위한 중국의 북한 설득이다. 당시 북한은 하나의 조

선을 위해 유엔 가입을 꺼려왔을 뿐만 아니라 남한의 유엔 가입도 중국이 반대해 줄 것을 원했다. 그러나 중국은 한국의 유엔가입을 반대할 명분이 없고 북한도 지금이 아니면 기회가 없음을 들어 유엔가입을 설득했다. 중국의 설득에 북한이 응하면서 중국은 '하나의 조선'과 '하나의 중국' 연계 가능성을 떨쳐버리고 한국과의 수교 시 대만과의 단교를 요구할 수 있었다. 그리고 덩샤오핑은 한중수교 전에 김일성, 김정일 부자를 중국에 초청하여 북한의 자금 원조와 부채 상환 연기를 약속하면서 북한을 배려했다. 그리고 1992년 4월, 중국의 국가주석 양상쿤(楊尙昆)이 직접 평양을 방문해 한중 간 국교수립에 대한 중국의 결정을 전달하기도 했다. 이 같은 중국의 북한 배려에도 불구하고 북중관계는 한중수교를 기점으로 미묘한 변화가 감지되었고 1994년 김일성 사망을 계기로 급속도로 냉각되었다.

이 같은 징후는 1993년 1차 북핵 위기와 2002년 2차 북핵 위기 시 북한의 독자적인 행동과 중국 또한 제3자의 입장에서 북미 간의 문제로 한 발짝 물러서는 형태로 나타났다. 그러나 2003년 후진타오 정부가 들어서면서 중국 측의 대 북한정책에 변화가 감지되기 시작했다. 중국의 외교부 부장 왕이(王毅)와 부총리 첸치천(錢其琛)이 연이어 북한을 방문하여 핵동결을 종용했고 또 2003년 1월, 국제원자력기구(IAEA)의 북한 핵동결 성명과 2월, 유엔안보리의 북한 핵문제 안건 상정에도 중국이 동의하는 행보를 취했다. 이처럼 1990년대 이후의 방관자적 입장에서 후진타오 체제 이후부터는 적극적인 개입과 북한을 압박하는 태도로 변했다.

이 같은 중국 측의 대북정책 변화는 중국의 발전을 위해 한국을 비롯한 서방세계와의 원만한 관계를 유지하기 위한 조치로 풀이된다.

그리고 그간 중국이 강조해 온 책임 대국의 역할을 위해서도 북한의 벼랑 끝 전술을 더 이상 방관할 수 없다는 판단으로 볼 수 있다. 2006년과 2009년 북한이 재차 핵실험을 감행했을 때 국제사회와 마찬가지로 중국 또한 가장 강도 높은 비난인 '제멋대로 하는 국가'라는 표현을 써서 불만을 표시했다. 그리고 2012년 4월, 북한이 또다시 핵실험을 감행하자 이번에도 중국은 국제사회와 함께 반대와 우려를 표했다. 그러나 중국의 북한 비난은 거기까지일 뿐 더 이상은 없었다. 이 같은 사실은 중국의 대북정책을 가장 잘 표현하는 대목이다. 불만이 있더라도 북한을 궁지에 모는 것이 아닌 적당히 압박하여 자신들의 영향권 아래 두고자 함이다.

한중수교 이래 중국의 대북정책은 한중관계 발전에 관계없이 철저히 자신들의 국익을 위해 변화되어 왔을 뿐 한국의 바람이나 한중관계 진전에 의해 변화된 적이 없다고 할 수 있다. 그리고 앞으로도 중국은 북한이 가진 전략적 가치의 중요성과 완충지대로서의 지정학적 관점에 기반을 둔 외교정책을 펼쳐나갈 것이다. 이 같은 사실은 북한의 여러 차례에 걸친 핵실험과 천안함 사건, 연평도 포격, 김정일 사망 등 일연의 사건을 겪으면서 중국은 북한 감싸기와 보호막 역할을 충실히 하는 데서도 알 수 있다. 따라서 한국의 대중국 외교는 앞으로도 중국의 한반도 정책에 의해 영향을 받을 수밖에 없을 것이고 중국의 한국, 북한과의 관계 또한 현재의 틀을 크게 벗어나지 않는 한반도의 안정유지 속에서 전개될 것이다.

● 천안함 침몰(天安艦沈沒)사건

천안함 사건은 2010년 3월 26일, 백령도 근처 해상에서 한국 해군의 초계함인 PCC-772 천안이 피격되어 침몰된 사건이다. 이 사건의 공식 명칭은 천안함 피격 사건(天安艦被擊事件)이다. 이 사건으로 한국 해군 40명이 사망하고 6명이 실종되었다. 우리정부는 천안함 침몰 원인을 규명하기 위해 한국을 포함한 오스트레일리아, 미국, 스웨덴, 영국 등 5개국의 전문가 24명으로 구성된 민간, 군인 합동조사단을 구성했다. 그리고 이 합동조사단은 2010년 5월 20일, 천안함이 북한의 어뢰공격에 의한 침몰이라고 발표했다. 이러한 조사 결과는 미국과 유럽연합, 일본 외에 인도 등 비동맹국들의 지지를 얻어 국제연합 안전보장이사회의 안건으로 회부되었으며 안보리는 천안함 공격을 규탄하는 내용의 의장 성명을 채택했다. 그러나 북한이 자신들의 관련을 부인하고 중국과 러시아가 반대하면서 북한을 직접적으로 비난하는 내용에는 이르지 못했다. 북한은 한국의 조사 결과에 대해 '모략극'이라며 사고지점 근처에 암초가 많은 점을 들어 천안함이 좌초한 것이라고 주장했다. 이 사건으로 인해 남북 간의 긴장이 고조되었으며 한국에서는 침몰 원인에 대해 각기 다른 해석으로 갈등을 빚기도 했다.

● 연평도 포격(延坪島 砲擊)사건

연평도 포격은 2010년 11월 23일, 북한이 한국의 연평도를 향해 170여 발의 포격을 가한 사건이다. 이에 한국 해병대 연평부대는 포격 직후 80여 발의 대응사격을 실시하고 서해5도에 '진돗개 하나'를 발령한 뒤 전군으로 확대 경계령을 내렸다. 이 사건으로 인해 한국의 해병대원 2명이 전사하고 16명이 중경상을 입었으며 민간인도 2명이 사망하고 3명이 중경상을 입었다. 북한의 인명피해에 대해서는 잘 알려지지 않고 있지만 소수의 사상자가 난 것으로 추정되고 있다. 남북 간의 교전 중 민간인이 사망한 것은 한국전쟁 이후 처음으로 국제사회의 큰 관심을 불러일으켰다. 중국을 제외한 각국 정부는 북한의 도발을 규탄했으나 북한은 한국에 책임을 떠넘기며 정당한 군사적 대응이라고 주장했다. 이 사건은 천안함 사건 이후 경색된 남북 간의 갈등을 더욱 심화시키는 계기가 되었다.

2) 한미동맹과 한중관계의 변화

한국전쟁 정전협정 체결 직후인 1953년 7월 23일, 한국과 미국은 한미상호방위조약을 체결했다. 이 조약에서 비롯된 한미동맹은 2012년 현재, 59주년의 긴 역사를 가지고 변화 발전되어 왔다. 전쟁의 포화 속에서 한국은 미국의 지원과 경제적인 원조에 힘입어 다시 생환할 수 있었고 한강의 기적을 이룰 수 있었다. 하지만 이 같은 비대칭적인 국력격차에 기반한 한미동맹은 미국에 대한 의존 심리를 심화시켰다. 이 때문에 당시에는 종속적 관계와 주권제한, 미군의 한국 내 범법행위 등은 생존을 조건으로 받아들일 수밖에 없었고 별다른 문제가 되지 않았다. 그리고 적으로부터의 군사적 보호와 경제적 원조에 기반한 한미동맹은 수십 년간의 세월을 견디며 나름대로 발전해 왔다. 그러나 1990년대에 진입하면서 한국이 소련을 비롯한 공산권 국가와 수교를 체결하자 한미동맹에도 변화가 생기기 시작 했다. 물론 당시나 지금이나 우리에게 있어 미국은 여전히 중요한 존재이지만 새롭게 시작한 이들 또한 소중한 존재로 부각되었다. 그 중에서도 중국과의 수교는 획기적인 발전을 거듭하면서 미국에 버금가는 파트너로 자리매김 되었다. 즉 중국은 한반도의 특수성과 자국의 거대한 인구에 기초한 경제파워로 한국에 대한 영향력을 확대하고 있다.

여기서는 이 같은 미중 양강 구도 속에 한미동맹과 한중관계 변화의 연관성을 중심으로 살펴볼 것이다. 한미동맹은 시기나 지도자별로 약간의 차이가 있지만 미국의 한국안보 보호라는 군사동맹의 틀 속에서 유지되어 왔다. 그리고 한국에는 아직도 4만 명이 넘는 미군이 한반도 평화를 위해 주둔하고 있는 실정이다. 이처럼 근 60년의 세월 동안 지속된 한미동맹에 중국이라는 변수가 생기면서 한국의 외교안보는 한미동맹과 한중관계라는 두 개의 틀을 형성하게 되었다. 다음은 각 시기별 한국정부의 한미관계와 중국의 반응을 중심으로 알아본다.

첫째, 이승만 정부에서 1980년대 전두환 정부에 이르기까지는 대미의존 외교가 지속, 강화되었다. 즉 1950~60년대는 북한의 군사력이 남한을 훨씬 능가했기 때문에 미군의 전진배치를 통해 한반도의 평화와 안정을 유지할 수밖에 없었다. 물론 박정희 시기 방위산업 육성을 통한 자주국방에 노력하면서 미국과 갈등을 빚기도 했지만 이 과정에서 한국은 자국의 안보를 미국에게 일임하던 일방적 동맹관계에서 호혜적 관계로 그 성격을 일부 전환할 수 있었다. 그러나 유혈진압으로 정권을 얻은 전두환 정부는 당시 레이건 정부의 군사정권 합법성 인정을 대가로 소원했던 한미동맹을 회복시켰다. 이 시기 중국의 한미동맹에 대한 인식은 냉전시대의 적개심에서 관찰과 관심으로 변화되고 있었다고 볼 수 있다. 왜냐하면 1960년대 중소분쟁이 심각해지자 중국의 지도자들은 미군이 한국에 주둔하면 소련의 위협을 차단하는 효과가 있다고 판단하여 한미동맹에 대한 직접적인 반대가 많지 않았다. 그리고 1980년대 중·후반부터는 한중수교를 위한 물밑 작업이 한창 진행되고 있었기 때문에 한국을 배려하는 차원에서 한미동맹에 대한 언급은 자제한 것으로 보인다.

둘째, 1980년대 후반 노태우 정부와 1990년대 김영삼 정부에 이르기까지는 세계적으로 냉전구조가 해체된 상태에서 해외주둔 미군의 역할과 효율성이 제기되었다. 이에 따라 한국방위의 자주국방을 위한 역할과 함께 주한 미군의 규모를 축소하기에 이르렀다. 이 시기는 노태우 한국정부가 중국과의 관계정상화를 위해 많은 노력을 시도했고 결과적으로 소련과의 수교에 이어 중국과의 수교에 성공하게 되었다. 이 시기 한미관계는 한국의 북방외교를 위협으로 받아들이는 미국에 의해 어느 정도 영향을 받은 것으로 나타났다. 중국의 한미동맹에 대한 시각은 장기적으로는 중국의 안보에 불편하지만 막 성사된 한중수교와 밀월관계를 고려하여 제3자의 입장에서 관망 내지는 묵인의 상태를 유지했다고 할 수 있다.

셋째, 1998년에 취임한 김대중 대통령은 북한 포용을 근간으로 하는 햇볕정책을 추진하면서 미국의 클린턴 정부와 보조를 맞췄다. 그러나 부시행정부로 정권이 이양되자 클린턴 정부의 대북 유화정책이 부정되고 북한을 이란과 함께 악의 축으로 규정, 압박을 가하기 시작했다. 당연히 대북 포용정책을 견지하면서 남북정상회담, 이산가족 상봉 등 한반도 긴장완화를 목표로 한 한국 정부와는 달리 미국은 한반도 비핵화와 미사일 통제에 집중하고 있었다. 이 때문에 의견일치를 보지 못하고 한미동맹도 일정부분 마찰이 불가피해졌다. 이 시기 중국은 한미동맹의 갈등 부분, 즉 한국에서 일어나는 반미감정에 유의하는 자세와 미국이 중국견제를 위해 한미동맹을 활용한다는 평가가 중국 내에서 대두되기 시작했다. 그리고 한반도에서의 미국 행보에 관심과 우려의 목소리를 내기 시작한 시기이다.

넷째, 2003년 노무현 정부로 진입하면서 한미동맹은 전에 없던 갈등과 마찰이 노출되었다. 즉 노무현 정부가 자주국방과 동북아 균형자론을 표방하면서 기존의 대미외교 일변도에서 대미, 대중 균형외교를 추진하고자 했다. 이를 위해 한국정부는 중국과의 관계 개선에 노력하게 되었고 한미동맹에는 적잖은 파열음이 생겼다. 그리고 한미 전시작전통제권 환수, 주한미군 재배치와 그 역할 변경, 용산기지 이전 등 첨예한 사안들이 논의되고 결정되기에 이르렀다. 또 이라크 전쟁에 대한 마지못한 파병과 미국이 적극적으로 추진한 미사일방어계획(MD)에 대해서도 비판적 인식을 가지고 참가하지 않았다. 이 같은 파열음은 국내에서는 주한미군 철수와 한미동맹을 둘러싼 보수, 진보 양 진영 간의 치열한 논쟁을 불러와 국론 분열의 양상이 빚어지기도 했다.

이 시기 미국은 한국의 동북아 균형자론에 대해 자신의 역량을 모르는 중형국가의 허황된 생각으로 치부한 듯하다. 그러나 노무현 정부의 대미외교는 미국 일변도의 동맹에서 자주국방과 한국의 역할공간을 넓히고자 한 점은 인정할 만하다. 그 결과 2012년 4월, 한미 전시작전통제권을 한국에 이양하기로 합의하는 등 많은 변화가 나타났다. 노무현 대통령 집권 중후반으로 들어서면서 갈등은 자제되고 한미동맹도 점차 안정적으로 유지되었다. 이 시기 중국은 한미 간의 갈등을 유의 깊게 관찰하고 갈등의 많은 부분이 중국과 관련되어 있다고 판단한 듯하다. 왜냐하면 한국의 역대 정부보다 노무현 정부는 중국을 중시했고 이를 이용 한미동맹을 희석시키려 한다고 믿고 있었기 때문이다.

다섯째, 2008년에 취임한 이명박 정부는 노무현 정부에서 중시해 왔던 한중관계를 고려하지 않은 채 한미동맹 복원에만 애쓰는 모습을 보임으로써 전 정권과는 완전히 다른 대외정책이 전개되었다. 한미동맹은 전에 없던 우호적인 관계를 유지할 수 있었고, 노무현 정부가 2012년에 환수키로 합의한 한미 전시작전통제권도 한국 측의 요구에 의해 2015년 12월 1일에 환수하기로 했다. 그렇지만 반대로 한중관계는 틀어지는 결과를 낳았다. 그 예로 2008년 5월 27일, 이명박 대통령이 중국을 국빈 방문한 첫날 중국 외교부 대변인은 "한미 군사동맹은 지나간 역사의 유물이며 냉전시대의 동맹을 가지고 전 세계 다른 지역의 당면 문제를 처리하려 해서는 안 된다"라고 했다. 외국 정상의 국빈 방문 첫날 이 같은 언급은 좀처럼 보기 힘든 이례적인 일이다. 이에 대해 한국 외교통상부와 마찰이 있었지만 중국은 어떠한 유감표명도 없이 한미동맹에 대한 자신들의 입장을 이렇게 표현하고 거부감을 드러냈다. 그러나 아이러니 하게도 이 방문에서 한중관계는 전략적 협력동반자관계로 격상되었고 양국 정상은 이를 위해 노력한다는 담화를 발표했다.

한미관계의 친소(親疏) 여부가 한중관계에 영향을 미친다고 단정할 수는 없지만 위에서 본바와 같이 한미관계가 좋은 관계를 유지할 때 한중관계는 상대적으로 소원할 수밖에 없었고 반대로 한미관계가 갈등을 겪은 시기는 한중관계가 좋은 관계를 유지하고 있었음을 알 수 있다. 이는 미중 양국과 한반도의 역학관계를 알 수 있는 부분이다.

3) 미중관계 변화와 한반도의 미래

(1) 미중관계

1971년 4월 6일, 일본 나고야에서 열린 제32회 세계탁구선수권대회에 출전한 미국 선수와 기자들이 중국을 방문하면서 미중관계는 물꼬가 트이게 되었다. 그리고 이듬해인 1972년 2월, 리처드 닉슨 미국 대통령이 중국을 방문하여 '상하이 공동선언'을 발표하고 미중관계가 공식화되었다. 그러나 이 시기 중국은 린뱌오(林彪)를 대표로 한 좌파 군부의 척결과 문화대혁명의 소용돌이 속에서 국내외 정치는 한 발짝도 앞으로 나아지 못했다. 이 때문에 미중 국교 정상화와 협력관계도 1979년 등장한 덩샤오핑의 개혁개방과 함께 본격적인 막이 오르기 시작했다. 오늘날까지 30여 년간 지속되어 온 미중관계는 전반적인 협력관계 속에서 대립과 갈등이 반복되는 양상을 보이고 있다. 그리고 중국의 부상이 가시화 되고 영향력이 확대 될수록 미중 간의 패권경쟁은 가속화될 것이고 이로 인한 갈등 또한 늘어날 수밖에 없다. 즉 중국의 정책선택과는 무관하게 중국의 부상과 존재 자체만으로도 경제와 안보딜레마를 초래하여 현재 패권지위를 구축하고 있는 미국과는 충돌이 불가피해 보인다.

중국이 개혁개방을 막 시작한 80년대와 90년대 초반까지 중국의 입장에서는 성공적인 개혁과 경제발전을 위해 미국의 협조가 절대적이었고 또 중국의 국력이 미국에 필적할 만한 것이 못되었기 때문에 이렇다 할 마찰이 발생하지 않았다. 그러나 탈냉전 이후 미국이 유일한 패권국으로서 세계 모든 일에 관여하는 동안 중국은 경제성장에만 몰두하여 자신들의 힘을 축적해 왔다. 이 같은 중국 파워는 1990년대 후반 아시아가 금융위로 휘청거릴 때도 중국은 고속 성장을 멈추지 않았고 또 2008년 세계 금융위기 시 중국경제의 지속적인 성장은 전 세계를 위기에서 벗어나게 한 버팀목이 되었다.

그리고 중국의 외환보유고는 2006년 이후 줄곧 세계 1위를 유지하고 있고, 2010년에는 일본을 제치고 세계 제2위의 경제대국으로 올라

섰으며 2009년부터 세계 1위의 수출대국이 되었다. 또 한국을 포함한 일본, 호주 등 동아시아 국가들도 최대교역국은 이미 미국이 아닌 중국이 되었다. 그리고 미국의 국가정보위원회가 발간한 자료와 많은 정보기관, 학자들도 대략 2025년을 전후하여 중국의 경제규모가 미국을 추월할 것이라는 전망을 내놓고 있다. 이 때문에 중국은 경제적으로는 이미 미국에 버금가는 패권국이 되어 미국과 함께 G2의 반열에 올라섰다. 이처럼 중국의 빠른 부상과 초강대국화는 거스를 수 없는 대세이며 전 세계적인 관심과 함께 각국은 대응책 마련에 고심하고 있다.

위에서 살펴본 바와 같이 중국의 경제발전과 급부상은 미국의 대중국 정책에 있어서도 변화가 불가피하다. 즉 냉전 해체와 소련 붕괴는 미국 유일의 단극체제를 탄생시켰고 이 같은 상황은 미국의 입장에서는 경쟁자가 없는 초강자의 지위를 누릴 수 있다는 장점이 있지만 또한 세계 모든 일에 관여해야 하는 부담스러운 책무를 안게 되었다. 따라서 미국은 중국과의 상호협력을 통해 중국의 지위를 격상시켜 주는 대신 그에 따른 국제사회의 책임을 추궁하고자 하고 있다. 중국 또한 자신들의 성장을 위해 미국의 지원이 필요하다고 판단, 미국에 대응하기보다는 세계질서에 순응하면서 책임대국으로서의 역할을 다하고자 한다. 그리고 중국은 미국을 비롯한 주변국들의 중국위협론을 불식시키기 위한 노력도 병행해 왔다. 왜냐하면 중국위협론에 따른 주변국들의 지나친 경계는 자신들의 발전에 방해가 될 것이기 때문이다. 이 때문에 중국의 주요 인사들은 자신들은 G2가 아닐 뿐만 아니라 G2를 원치 않는다고 강조하고 있다.

중국의 발전이 가시화되는 1990년대부터 미국의 대중국 정책을 정리하면 다음과 같다. 본격적인 탈냉전이 시작되는 클린턴정부 초기에는 다자주의에 입각한 포용정책을 추진하여 경제방면에서는 갈등이 있었지만 전체적으로는 협력기조를 유지했다. 그러나 각국의 지역분쟁이 표면화 되면서 미국은 국익을 우선한 현실주의적 입장으로 선회하게 되었고 중국에 대한 경계도 표면화 되었다. 부시정부는 9·11테러를 이용, 패권주의를 강화하고 대북 강경책을 쏟아내면서 중국봉쇄를 추진하고자 했다. 그러나 아프간과 이라크 전쟁이 장기화 되면서 심한 후유증을 남겼고 이는 미국 내의 네오콘(neocons: 공화당을 중심으로 한 미국의 신보수주의자들을 일컫는 용어)을 비롯한 강경파들의 몰락을 가져왔다. 따라서 중국에 대한 제대로 된 정책을 확립할 기회를 잡지 못한 채 정권을 이양해야 했다. 뒤이은 오바마 정부는 중국의 부상을 인식하고 아시아를 중시하겠다는 기조를 밝혔다. 그리고 취임 첫해에 중국을 방문하는 등 부시정부의 대중국 봉쇄정책과 차별화된 대등한 양자관계의 포괄적 협력을 강조했다. 그러나 이 또한 2008년에 발생한 금융위기와 국내의 정치문제에 밀려 구체적인 정책이 제시되지 않아 갈등은 오히려 심화되었다. 즉 금융위기 해결방안, 북한 핵문제와 천안함 사건, 연평도 포격, 동남아의 영토분쟁 등 갈등이 표면화 되었다. 이 같은 미중갈등 이면에는 중국의 높아진 위상을 바탕으로 한 전에 없던 단호함과 미국의 대중국 정책의 부재를 들 수 있다. 미국정부의 대중국 정책을 아래 <표 4>와 같이 정리한다.

〈표 4〉1990년대 이후 미중관계: 협력과 갈등

행정부	미중관계	특기 사항
클린턴 행정부 1기	협력	● 천안문사태 이후 관계 회복기 ● 경제분야의 갈등 전망에도 불구하고 상호의존 증가: 미국은 인권과 최혜국대우(MFN) 연계하지 않겠다는 선언(1994)
클린턴 행정부 2기	갈등	● 대만해협 위기(1995) ● 유고대사관 오폭(1999)
부시 행정부 1기	협력	● 전략적 선언에도 불구하고 9.11테러 이후 협력관계 유지 ● 남중국해에서 미 정찰기 충돌 중국에 사과(2001) ● 핵 비확산 및 대테러전쟁 협력 ● 6자회담 시작
부시 행정부 2기	갈등 또는 중립적 관망	● 네오콘이 중국위협론 본격 제기했으나 세력약화로 관망 자세 견지 ● Robert Zoelick의 이해 당사자(Stakeholder) 발언(2005)
오바마 행정부	갈등	● 전략적 동반자관계 및 G2를 통한 세계적 차원에서의 미중관계 모색 ● 핵심이익을 둘러싼 대립－위안화절상, 천안함과 연평도 사건, 인권, 남중국해 영유권 갈등

출처: 김준형. "G2관계 변화와 미국의 대중국정책의 딜레마". 『국가전략』 제18권 1호, 2012.

(2) 미중관계와 한반도의 미래

미국의 일관된 대중국 전략 부재 속에 중국의 급부상이 더해지면서 미중관계 갈등은 표면화 되고 있다. 지난 30여 년을 되돌아보면 힘을 키운 중국이 미국에 버금가는 강대국이 될 것은 자명한 사실이고 이 같은 힘은 2008년 세계 금융위기를 겪으면서 입증되었다. 이처럼 중국의 초강대국화는 양국의 패권경쟁이 가속화 되는 가운데 미국을 중심으로 한 중국위협론이 확산되고 있다. 물론 아직까지 분명한 실체를 드러내지는 않고 있지만 중국이 패권에 버금가는 능력을 가지게 되면 동북아와 세계질서를 자신들의 선호에 따라 바꾸고자 할 것이다. 그리고 미중관계도 협력에 기초한 세계질서를 준수하려는 지금까지의 태도와는 달리 자신들의 유·불리에 따라 단호하고도 강력하게 대응할 가능성이 높다.

이처럼 중국의 급부상은 우리로서도 민감한 사안이 아닐 수 없다. 한미 군사동맹을 기초로 한 미국과의 오랜 우호관계, 그보다 시작은 훨씬 늦었지만 경제적인 관계에 기초한 한중관계는 상대적으로 약소국인 한국으로서는 이 양자를 같은 무게로 중시하지 않으면 안 되는 고약한 상황에 처하게 되었다. 미중관계가 상호의존에 의해 협력적인 관계로 발전해 갈 때는 한국에 대한 외교적 압력이 덜하겠지만 반대로 미중양국의 갈등이 지속되어 어느 한쪽의 선택을 요구받게 된다면 한국으로서는 최악의 외교적 딜레마에 빠지게 될 것이다. 그리고 우리의 의도와는 무관하게 미중양국의 전략적 판단이나 이해관계에 의해 한반도의 운명이 결정될 수 있다는 것이다. 더 큰 문제는 한반도의 미래에 이처럼 결정적인 영향을 미치는 양국 관계에 대해 우리의 역할 공간이 거의 없다는 것이다. 따라서 한국은 적어도 한반도의 미래에 대해서는 주도권을 가질 수 있도록 미중양국 사이에서 외교력을 발휘해야 한다. 그리고 북한과의 대화를 통해 북한 문제를 중국에 일임하는 외교 자세를 바꾸어야 한다.

위에서 알아본 바와 같이 미중양국은 갈등 요소가 잠재되어 있지만 이 갈등이 표면화되고 표출되는 것은 양국정부 모두 부담스러운 부분이다. 이 때문에 양국은 어느 정부에서나 갈등이 있었지만 후반기로 갈수록 이를 봉합하고 협력을 모색하는 방향으로 관계를 설정해 왔다. 그러나 2009년 북한의 핵실험을 계기로 미중 협력관계가 틀어지면서 이 같은 갈등이 외부로 표출되어 나타나기 시작했다. 중국이 처음에는 미국과 함께 유엔의 대북제재 결의안에 참가했지만 얼마 지나지 않아 북한에 대한 정책을 바꾸면서 마찰이 시작되었다. 중국은 미국에 동조하여 북한을 압박하는 것은 자신들이 국제사회에서 영향력을 행사할 수 있는 북한 카드를 포기하는 것으로 판단하여 북한 감싸기로 선회했다. 이러한 중국의 정책변화는 한미 대북 강경책과 배치되는 것으로 한국은 물론 미중관계 갈등을 표면화 시키는 계기가 되었다.

또 2010년은 중국이 국경을 접한 이웃 나라와 영토문제로 심한 마찰을 빚은 한 해이기도 하다. 이 같은 영토분쟁은 미중 갈등이 동북아를 넘어 동남아 및 남중국해까지 확대되는 계기가 되었다. 특히 우크라이나와 베트남 등에 어로나 지하자원 탐색을 금지시키는 등 전에 없던 중국의 강력대응이 이어지고, 남중국해와 동중국해에서 군사훈련을 강화하면서 주변국을 긴장시켰다. 중국에 위협을 느낀 주변국들이 미국과의 동맹을 강화하고 미국 또한 이들 동남아 국가와의 동맹을 통해 중국을 견제하고 자신들의 영향력을 입증하려는 의지를 분명히 하고 있다. 따라서 미중 갈등은 한국, 일본 등 동북아를 넘어 베트남, 필리핀, 싱가포르를 포함한 동남아까지로 확대되었다.

위에서 본 바와 같이 미중관계는 언제든 갈등이 재현되어 나타날 수 있고 이 두 거인의 갈등은 곧바로 한반도에 영향을 미쳐 우리에게는 고통스런 결정이 내려질 수 있다는 것이다. 즉 우리의 의사와 무관하게 양국의 이해관계나 자신들의 정책적인 판단에 의해 한반도의 운명이 결정될 수 있다는 것이다. 그리고 또 한중관계가 한미관계화의 개연성도 커지고 있다. 2011년 기준, 우리나라 수출에서 중국이 차지하는 비중은 24.1%, 대중 무역흑자는 452억 달러로 우리나라 전체 무역수지 흑자가 333억 달러임을 감안하면 대중국 경제의존도는 절대적이라고 할 수 있다. 이처럼 우리의 대중국 경제의존도가 높아지고 한반도의 특수성이 겹치면서 중국 또한 한국에 대해 미국과 같은 지위를 요구할 수 있다는 것이다. 이렇게 되면 우리는 시어머니를 둘이나 모셔야 하는 어려운 상황에 처할 수 있다. 그리고 무엇보다 중요한 것은 한반도의 미래가 우리의 의지와는 상관없이 미중양국의 힘의 논리에 의해 좌지우지 될 수 있다는 점이다.

이 같은 위험을 사전에 방지하기 위해 치밀한 계획과 분석에 의한 일관된 정책 마련이 시급하다. 즉 한미동맹과 한중관계를 각각 독립적으로 관리하고 대응하는 시스템을 만들어 우리의 역할 공간을 마련하는 것이 중요하다. 이를 위해 동북아의 역외 균형자 역할을 맡고 있는 미국과는 군사동맹을 비롯한 지속적인 우호관계를 유지해야 한다. 이후 중국의 초강대국에 따른 불확실성과 위험에 대비하기 위해 미국과의 우호관계는 어떤 형태로든 지속되어야 한다. 중국과의 관계 또한 한국의 정권교체에 따라 대중국 정책이 바뀌는 불확실성이 아닌 일관되고 신뢰할 수 있는 시스템에 의해 대중국 관계가 설정되어야 한다. 그리고 통일 한국이 중국에 위협이 되거나 비우호적인 정부가 될 것이라는 우려를 불식시키고 한반도 통일이 중국에게도 장기적으로 유리하다는 것을 끊임없이 설득해야 한다. 왜냐하면 한반도의 통일은 중국의 적극적인 지지까지는 아니더라도 최소한 반대하지 않는 상황을 만들어야 하기 때문이다.

이처럼 한반도의 미래는 당사국인 남북한뿐만 아니라 미중관계와도 밀접한 관련이 있다. 따라서 불확실한 한반도의 미래에 대해 발생 가능한 시나리오를 가상하고 이에 맞는 적절한 대응을 준비해야 한다. 그렇게 해야만 한반도 문제에 있어 당사자인 우리가 배제되는 상황을 피할 수 있고 또 한반도를 둘러싼 위협으로부터 좀 더 안정적인 미래를 담보할 수 있을 것이다.

4. 나오는 말

위에서 알아본 바와 같이 한중수교 20년 동안 경제는 괄목할 만한 성과가 있었지만 정치·외교·안보·역사분야는 갈등과 마찰이 되풀이 되어 왔다. 즉 대중국 교역규모가 2004년 이후 수출대상국 가운데 1위의 파트너로 자리매김 됐고 전체 수출에서 차지하는 비중도 2011년 기준, 24.1%로 가장 중요한 파트너가 되었다. 문제는 우리의 대중의존도가 높아지는 것에 비해 중국에 대한 한국의 존재는 갈수록 덜 중요해진다는 데 있다. 이 같은 비대칭 관계는 향후 세계무대에서나 한반도 문제에 있어 중국의 눈치를 살펴야 하는 불편한 상황에 놓이게 될 것이다. 그리고 2008년 한중 양국은 '전략적 협력동반자 관계'로 외교적 관계가 격상되었지만 그에 걸맞은 협력이 잘 이루어지지 않고 있다. 즉 근년에 일어난 천안함 사건과 연평도 포격, 북한 핵실험, 탈북자 북송문제 등 일련의 사건을 통해 중국은 한국의 파트너라기보다는 북한과의 전통적 우호관계를 중시하고 있음을 여실히 보여줬다. 그리고 16년 동안 협상을 진행했지만 해결의 실마리를 찾지 못하고 있는 이어도 문제와 동북공정을 비롯한 역사문제 또한 언제든지 외교문제로 비화될 수 있는 골칫거리이다.

이처럼 한중관계 진전을 어렵게 하는 요인은 여러 가지가 있지만 그 중에서 가장 핵심적인 요인이 바로 북한 핵문제이다. 북한 핵문제는 한중관계를 틀어지게 하는 핵심일 뿐만 아니라 미중관계 변화에도 많은 영향을 미치는 변수로 작용하고 있다. 그리고 중국의 급부상은 미중양국의 패권경쟁을 불러와 세계유일의 분단국인 한국에 다음과 같은 최악의 상황을 초래할 수 있다. 첫째, 군사동맹에 기초한 미국과 경제의존도가 높은 중국 사이에서 어느 한쪽의 선택을 강요받게 되는 상황이다. 둘째, 중국이 경제력과 한반도에서의 영향력을 내세워 우리에 대해 미국과 같은 지위를 요구할 수 있다. 셋째, 우리의 의사와 무관하게 미중양국의 선호에 따라 한반도의 운명이 결정될 수 있다. 그리고 한반도의 운명에 이처럼 중요한 미중양국에 대해 우리의 역할 공간이 없다는 것이다.

위와 같은 예측은 현재 중국의 성장속도나 대외정책 등을 감안하면 충분히 발생 가능하다. 그렇기 때문에 우리는 이 같은 최악의 상황을 피하기 위해 철저한 준비를 통해 미래의 불확실성에 대비해야 한다. 첫째, 근 60년간 지속된 미국과의 동맹은 앞으로도 더욱더 확고하게 유지해야 한다. 왜냐하면 우리에게는 예나 지금이나 당연히 미국과의 관계가 가장 중요하다. 그리고 중국의 불확실성에 대비하기 위해서라도 미국과의 동맹은 발전적으로 유지되어야 한다. 둘째, 우리의 경제와 한반도에 결정적인 영향을 미치는 중국과의 관계에 대해서는 좀 더 장기적인 전략적 접근이 필요하다. 이는 한중수교 20년에 즈음하여 반드시 점검하고 넘어가야 할 문제이다. 즉 한국의 정권교체에 따른 정책 불연속은 양국 간의 신뢰 형성에 장애가 되고 더나아가 한중관계 발전에 걸림돌이 되고 있다. 따라서 좀 더 긴 호흡으로 장기적이고 일관된 정책수립을 통한 관계진전이 필요하다. 셋째, 한반도 통일에 대한 중국의 지지에도 노력을 기울여야 한다. 왜냐하면 중국은 통일 한국이 미국에 우호적인 정부가 되어 자신들에게 위협이 될 것이라는 우려를 가지고 있다. 이 때문에 북한이 붕괴되거나 한국에 흡수통일 되는 상황을 원치 않으며 한반도에 두 개의 한국이 평화 공존하기를 바라고 있다. 따라서 우리는 통일한국이 중국에

도 이익이 될 것임을 끊임없이 설득하고 행동하는 자세를 보여야 한
다. 왜냐하면 미중 양국이 반대하는 한 한반도의 통일은 달성되기 어
려울 뿐만 아니라 한반도의 안정과 평화를 위해서도 미국은 물론 중
국과의 관계발전이 무엇보다 중요하기 때문이다.

참고문헌과 읽을거리

기획재정부, "한·중 수교 20주년 경제적 성과 및 시사점", 기획재정부, 2012.

김기수, 『중국 도대체 왜 이러나』, 살림, 2010.

김애경, "한·중 관계 회고: 시기별 추이와 현안 고찰", 『한-중 수교 20주년을 향하여: 회고와 전망』, 동북아역사재단-21세기정치학회, 2011.

김우종, "한국과 일본의 중국인 유학생 유치전략 비교연구", 『Trade Focus』 Vol.10 No.17, 한국무역협회 국제무역연구원, 2011.

김정배, "탈북자 문제 어떻게 볼 것인가", 『울산포커스』, 2012.3.7.

김준형, "G2 관계 변화와 미국의 대중정책의 딜레마", 『국가전략』 제18권 1호, 2012.

김흥규, "21세기 변화 중의 미중관계와 북핵문제", 『한국과 국제정치』 제27권 제1호(경남대 극동문제연구소), 2010.

류동건·김홍수, "중국 새로운 지도부의 외교기조와 한중관계 추세-평화공존에서 조화 세계로", 『한국민족문화』 제37권(부산대학교 한국민족문화연구소), 2010.

刘尚哲, "成年的友情韩中之间大矛盾", 三星经济研究所出版, 2011.11.26.

박종철, "한-중 국교정상화와 북한", 『한-중 수교 20주년을 향하여: 회고와 전망』, 동북아역사재단-21세기정치학회, 2011.

서재진, "탈북자 문제 어떻게 볼 것인가: 실태와 대책", 통일연구원, 2003.

서진영, 『21세기 중국외교정책』, 폴리테이아, 2006.

이동률 편, 『중국의 미래를 말하다-글로벌 슈퍼파워의 가능성과 전망』, EAI, 2011.

이성일, "한중국교정상화 의의에 관한 재 고찰-중국 측 시각을 중심으로", 『한-중 수교 20주년을 향하여: 회고와 전망』, 동북아역사재단-21세기정치학회, 2011.

정재호 편저, 『중국을 고민하다』, 삼성경제연구소, 2011.
정재호, 『중국의 부상과 한반도의 미래』. 서울대학교출판문화원, 2011.
정종욱, "한중수교 20년의 회고와 전망", 『중앙일보』, 2012.1.13.
황재호, "제2차 북핵 실험에 대한 중국의 입장과 한국의 향후 정책 방향", 『한국정치학회 특별학술회의 자료집』, 2010.

한중 경제 통상

박 미 정[*]

[*] 부산외국어대학교 중국어학부 외래교수

1. 한중 경제 교류의 변천

1992년 한중 양국이 상호 교류의 물꼬를 트기 시작해 올해 2012년 8월이면 한중수교 20주년을 맞는다. 지난 20년간 양국은 문자 그대로 괄목상대할 발전을 거듭해 왔다. 이전의 이념적 대립의 시대에 국경을 닫아걸고 적대하던 양국관계는 상생을 위한 교류 협력의 동반자적 관계로 탈바꿈했다. 그간의 한국 경제의 재도약이나 2008년 금융위기의 조기탈출에 있어 중국의 역할은 실로 컸다 할 수 있다. 중국 또한 한국의 풍부한 산업기술의 전수와 자본주의체제로서 한국이 가진 경험이 아니었다면 오늘날의 번영이 그리 쉽진 않았을 것이다. 수교 이래 양국은 양호한 관계를 지속적으로 유지하며 상호보완적인 경제구조를 적극 활용하여, 경제·통상부문에 있어서 비약적 확대와 발전을 지속해 오고 있다. 부지불식간에 흘러간 한중수교 20년! 이 기간 동안 한중 양국 간에 경제적으로 많은 성장과 변화가 있어 왔으며 향후 미래의 지속적이고 안정적인 경제 발전에도 초석과 거울이 될 시간들이라 할 것이다.

1) 한중수교 이전 시기(1950년대~1992년 수교 성립 이전)

한국과 중국은 역사적·문화적·지리적인 연관성이 많은 관계임에도 불구하고 1970년대 말까지 이데올로기적 대립으로 인해 양국 간 상호교류가 이루어지지 못했다. 양국은 1950년대 이후 중국의 한국전쟁 참전과 전후 냉전체제로 인해 정치적 적대관계와 경제적 단절이 계속 이어져 왔었다. 개혁·개방의 돌파구를 계기로 1970년대 후반 들어 간접적 교역의 형식으로 미미하나마 경제 분야에서 한중 교류가 시작되었으나 그것 또한 주로 홍콩을 통한 간접 교역이 대부분이었다. 1980년대에 들어서 중국이 개혁개방에 박차를 가하기 시작하면서 대부분의 수입이 직접 수입으로 전환되는 등 양국의 경제교류도 규모가 점차 늘어갔다. 그러던 중 1983년 5월 중국 민항기가 춘천에 착륙하는 사건이 발생했다. 이때에 중국은 처음으로 대한민국이라는 국호를 사용하였고, 이후 경제 분야를 위주로 한 비정치적인 분야에서 양국 교류가 활기를 띠기 시작했다.

그러나 전반적으로 1980년대 후반까지 한국과 중국 간의 교역규모는 20억 달러 미만에 머무는 수준이었으며 1990년까지는 한국 전체 수입에서 중국이 차지하는 비중은 3.2%, 수출에서는 채 1%도 안 되는 비중에 그쳤다. 중국무역에서 한국이 차지하는 비중 또한 그다지 높지 않아 전체 수출입 상대국 가운데 17~18위 정도에 그쳤다. 이후 수교 직전인 1991년 무역 협정 등이 체결되면서 중국 수출입에서 한국이 차지하는 위치가 7위까지 뛰어오르게 되었다.

2) 한중수교 이후 시기(1992년 8월 이후)

지난 1992년 한중수교 이후 양국 간 교역규모는 급속히 증가하였다. 1992년 수교 당시 64억 달러에 불과했던 양국 간 교역규모가 2006년에 1,180억 달러로 수교 당시의 18.5배를 기록하였고 2011년 말 기준으로 對중국 상품 교역규모는 2천 2백억 달러로 한국 전체 교역의 5분의 1(20.4%)에 해당하는 규모를 차지하고 있다. 수교 이후 한중 간 무역의 발전과정을 시기별로 크게 4단계로 구분하여 보면 다음과 같다.

첫 번째 단계는 1992년 한중수교 이후부터 1997년에 발생한 한국의 외환위기 이전까지의 기간으로서 양국 간 교역이 간접교역에서 직접교역으로 전환되면서 교역규모도 대폭 늘어난 시기이다. 1992년 8월에는 양국 간 수교가 이루어지고, 동년 9월에는 한중 간 무역협정이 발효되었다. 이러한 국교 정상화와 제도적 장치가 마련됨으로써 그동안 양국 간 교역의 장애요인으로 존재하던 중국의 한국 상품에 대한 차별관세 문제도 해소되었다. 1992년 5월에는 투자보장협정이 체결되면서 한국기업의 중국 진출을 위한 제도적 기반도 마련되었다. 또한 1992년 2월 덩샤오핑의 남순강화를 계기로 중국의 개혁·개방 정책이 새로운 단계에 진입하면서 중국의 경제성장률, 대외무역, 외국인투자도 빠른 속도로 증가하였다. 이러한 환경변화에 따라 양국 간 직접교역액은 1991년 44억 달러 1997년에는 237억 달러로 증가하여 6년간 연평균 32.2%의 증가율을 유지하였으며, 홍콩을 경유한 간접교역을 포함할 경우 68억 달러에서 288억 달러로 연평균 27.3%씩 증가하였다.

두 번째 단계는 한국의 외환위기 발생 이후부터 중국의 WTO 가입이 이루어진 2001년까지의 기간으로, 이 기간 중 한국은 1997년 말 심각한 금융위기와 경제위기를 겪게 되고, 중국도 경기불황을 겪으면서 양국 간 교역이 소강상태를 거치게 된다. 세계적인 경기호황과 한국의 벤처 붐 등으로 2001년에는 대중국 수출을 포함한 총수출이 급증하였지만, 2001년에는 미국의 경기침체 등에 따라 IT 부문이 급속히 위축되어 세계적인 불황으로 이어지면서 한국의 대외무역이 크게 위축되었다. 이 기간 중 양국 간 직교역이 1997년 237억 달러에서 2001년 315억 달러로 연평균 증가율이 7.4%로 크게 둔화되었으며, 홍콩을 통한 간접교역 역시 29억 달러에서 38억 달러로 증가하여 연평균 6.8% 증가한 데 그쳤다. 그러나 이 기간 중에도 한국의 대외무역에서 중국의 상대적 중요성은 계속 상승하였다. 2001년의 경우 한국의 대중국 수출은 총 수출의 12.0%, 대중국 수입은 총수입의 9.4%를 차지하여 1997년에 비해 각각 2% 포인트 이상 상승하였다.

세 번째 단계는 중국의 WTO 가입이 이루어진 이후부터 2005년까지로 제2의 발전기라 할 수 있다. 이 시기에 對중국 투자가 폭발적으로 증가하면서 교역규모가 1,000억 달러를 넘어서고, 교역상품구조에 있어서도 하이테크산업을 중심으로 고도화가 이루어졌다. 중국이 2001년 말 WTO에 가입하면서 대외개방이 더욱 진전되고 1990년대 말부터 시작된 불황에서 벗어나면서 중국의 대외무역도 급속히 증가하였다. 이를 배경으로 양국 간 직접교역액은 2001년 315억 달러에서 2005년 1,006억 달러로 연평균 33.7%의 높은 증가율을 유지하였다. 그 결과 중국은 2005년에 한국 총수출의 21.8%를 차지하는 최대 수출대상국이자, 총수입의 15%를 차지하는 제2위의 수입대상국이 되었다.

네 번째 단계는 2005년 하반기 이후부터 현재까지의 단계로서 한중 교역이 안정화단계에 진입한 시기이다. 2005년 하반기부터 한중 양국무역의 급등세가 점차 둔화되기 시작하였다. 즉 2002~2004년 중 연평균 36.1%에 달했던 양국 간 교역증가율이 2006년에는 17.4%로 둔화되었다. 특히 우리의 대중국 수출증가율 하락세가 두드러져 대중국 수입증가율을 하회하는 구조로 전환되었다. 2005년 하반기 이후 양국 간 교역증가율이 둔화되고 있는 원인은 양국 간 무역이 새로운 단계로 진입하였음을 시사하고 있다. 중국에 진출한 한국기업들에 의한 대중국 수출 유발효과가 낮아지고 있는 가운데, 완제품뿐만이 아

니라 중간재 산업에서 중국의 생산이 확대되면서 수입대체가 이루어

지기 시작하면서 대중국 수출이 이전과 같은 높은 증가세를 유지하

기 어려워지고 있기 때문인 것으로 보인다.

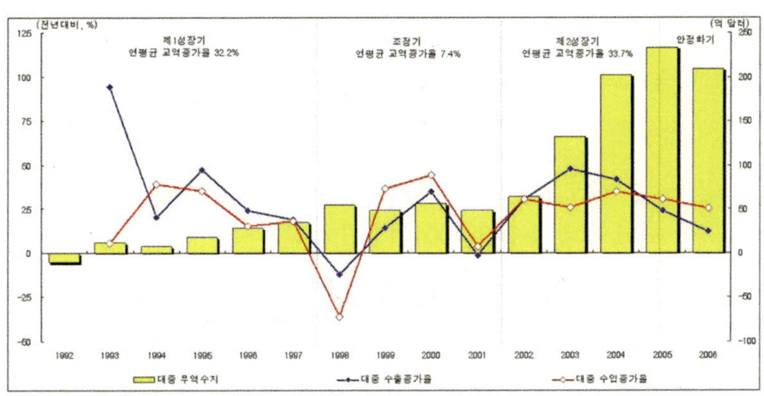

출처: "한중 간 무역구조의 변화추이 및 시사점", 기획재정부, 2008.

〈그림 1〉 한중무역의 발전 과정

특히 1990년대 말부터 2000년대 초에 걸쳐 IT분야에서 경쟁력을

갖춘 중국이 WTO 가입 이후 중화학공업을 적극적으로 육성하면서

그동안 한국의 대중국 수출을 주도해 온 부품과 소재분야의 대중국

수출증가율이 크게 둔화되고 있다. 따라서 2005년 하반기 이후 한국

의 대중국 교역에 있어 수출규모는 지속적으로 증가하는 가운데 성

장률은 다소 둔화되고, 중국산 제품의 수입증가율이 한국의 대중국

수출증가율을 상회하는 구조가 지속되면서 양국 간 무역불균형이 축

소되는 구조가 정착되는 안정화(安定化)단계에 진입한 것으로 평가할

수 있다.

2. 한중수교 20년: 한중 경제 교류 동향과 교역 구조의 변화 추이

1) 한중 경제 교류 동향

(1) 한중 교역 동향

현재 한국은 세계 180여 개국과 2만여 개 품목으로 무역을 하고 있다. 한국의 대중국 교역은 2003년부터 미국을 제치고 제1위의 수출 대상국이 되었으며, 수입은 2004년부터 일본 다음가는 수입 대상국이 되었다. 본격적으로 對중국 교역의 비중이 증가하게 된 시점은 2001년 중국의 WTO 가입 이후부터로 지금은 수교 당시에 비해 총 무역액이 30배 가까이 증가했다(<표 1> 참조).

<표 1> 수교 이후 18년간 교역액 비교

단위: 억 달러

	1992년	2008년	2009년	2010년
한국통계	63.7	1,683(26.4배)	1,409(22.1배)	1,884(29.6배)
중국통계	50.3	1,861(37.0배)	1,562(31.1배)	2,072(41.2배)

출처: 한국무역협회(KITA), 중국해관총서
( ) 안은 1992년 대비 증가폭

중국과의 수출입액도 교역 이후 지속적으로 증가하고 있는 모습을 볼 수 있다(<표 2> 참조). 2000년대 이후 對중국 수출 비중이 두 자리 수의 증가세를 보이며 가파른 증가세를 이어왔다. 2001년에는 중국과의 무역마찰로 -1.4%로 급락하기도 하였으나, 무역 분쟁이 해결됨에 따라 매년 20% 이상의 증가율을 보이며 다시 지속적으로 증가하여 2010년도에는 중국과의 무역액이 전체의 21.0%를 차지였다. 수출액은 24.9% 수입액은 16.8%로 중국과의 무역액이 우리나라 전체 무역액의 1/5를 차지하고 있다.

교역 초기에 한국은 중국을 상대로 주로 기술과 자본 집약형 공업 완제품을 수출하고 중국으로부터 미가공 제품 등 기술집약도가 떨어지고 부가가치가 낮은 노동 집약형 공업완제품을 수입하였다. 그러나 점차 양국 간 산업구조의 상호보완성이 높아지면서 한국의 對중 가공무역의 비중이 증가하는 양상을 보이기 시작한 이후로 對중 수출도 증가하였다.

한중 수출입 교역 품목에도 다소 변화가 나타나기 시작하면서 對중 수출입 품목도 공업용 원부자재 중심에서 전자부품 중심으로 재편되고 있다. 2002년 이후 한국의 對중 무역흑자가 가장 큰 산업은 화학이었으며, 다음으로 전기전자가 무역흑자를 기록하였다. 반면 철강금속은 2004년까지 무역흑자를 보여 왔으나, 2007년 이후 산업별 기준으로 가장 큰 무역적자 산업으로 변모하였다. 기타 제조업 및 섬유·가죽산업도 2002년부터 적자로 바뀐 후 적자규모가 늘어나고 있는 추세이다.

〈표 2〉 對중국 수출입 변화 추이

단위: 천 달러

연도	한국 수출액	대중국 수출액	대중국 수출 비중	증가율	한국 수입액	대중국 수입액	대중국 수입 비중	증가율
1989	62,377,174	437,355	0.7%	17.5%	61,464,772	1,704,540	2.8%	22.9%
1990	65,015,731	584,854	0.9%	33.7%	69,843,678	2,268,137	3.2%	33.1%
1991	71,870,122	1,002,511	1.4%	71.4%	81,524,858	3,440,548	4.2%	51.7%

1992	76,631,515	2,653,639	3.5%	164.7%	81,775,257	3,724,941	4.6%	8.3%
1993	82,235,866	5,150,992	6.3%	94.1	83,800,142	3,928,741	4.7%	5.5%
1994	96,013,237	6,202,986	6.5%	20.4%	102,348,175	5,462,849	5.3%	39.0%
1995	125,057,988	9,143,588	7.3%	47.4%	135,118,933	7,401,196	5.5%	35.5%
1996	129,715,137	11,377,068	8.8%	24.4%	150,339,100	8,538,568	5.7%	15.4%
1997	136,164,204	13,572,463	10.0%	19.3%	144,616,374	10,116,861	7.0%	18.5%
1998	132,313,143	11,943,990	9.0%	-12.0%	93,281,754	6,483,958	7.0%	-35.9%
1999	143,685,459	13,684,599	9.5%	14.6%	119,752,282	8,866,667	7.4%	36.7%
2000	172,267,510	18,454,540	10.7%	34.9%	160,481,018	12,798,728	8.0%	44.3%
2001	150,439,144	18,190,190	12.1%	-1.4%	141,097,821	13,302,675	9.4%	3.9%
2002	162,470,528	23,753,586	14.6%	30.6%	152,126,153	17,399,779	11.4%	30.8%
2003	193,817,443	35,109,715	18.1%	47.8%	178,826,657	21,909,127	12.3%	25.9%
2004	253,844,672	49,763,175	19.6%	41.7%	224,462,687	29,584,874	13.2%	35.0%
2005	284,418,743	61,914,983	21.8%	24.4%	261,238,264	38,648,243	14.8%	30.6%
2006	325,464,848	69,459,178	22.1%	12.2%	309,382,632	48,556,675	15.7%	25.6%
2007	371,489,086	81,985,183	21.3%	18.0%	356,845,733	63,027,802	17.7%	29.8%
2008	422,007,328	91,388,900	21.7%	11.5%	435,274,737	76,930,272	17.7%	22.1%
2009	363,533,561	86,703,245	23.9%	-5.1%	323,084,521	54,246,056	16.8%	-29.5%
2010	381,940,447	95,190,859	24.9%	9.8%	346,444,905	58,162,266	16.8%	7.2%

출처: 한국무역협회(www.kita.net)

    2008년 1월부터 6월 누계 對중 수출(27.2%)은 기초산업기계(69.9%), 액정디바이스(50.6%), 가정용전자제품(28.1%), 철강제품(26.1%), 무선통신기기(24.9%), 석유화학제품(19.9%) 등 대다수의 품목이 대폭 증가하였다. 수출은 고유가 및 미국, 유럽 시장 침체 등 불리한 대외무역 환경에도 불구하고, 주력품목의 수출호조와 신흥 개도국 수출급증 등에 힘입어 6년 연속 두 자리 수 성장률을 지속하였다. 전체적으로 우리나라의 산업별 對중 무역의 추세는 화학분야의 무역흑자폭이 빠르게 확대되고 있으나, 전기·전자 분야는 흑자폭이 줄어들고 있고 철강 및 금속산업, 섬유가죽산업, 기타제조업은 적자 산업으로 바뀌고 있는 추세라고 할 수 있다.

〈표 3〉 對중국 10대 수출품목 및 금액 변화

단위: 억 달러

순 위	1992년	2000년	2009년
1	철강판(4.2)	석유제품(16.8)	LCD(131.7)
2	합성수지(3.0)	합성수지(15.8)	반도체(91.9)
3	철근(2.3)	전자관(12.3)	휴대폰(62.1)
4	가죽(1.4)	철강판(11.0)	합성수지(57.3)
5	인조섬유(1.3)	가죽(7.6)	석유제품(46.6)
6	직물(1.0)	컴퓨터(7.4)	합섬원료(30.0)
7	종이(0.9)	기타직물(6.0)	철강판(30.0)
8	섬유기계(0.8)	반도체(5.8)	자동차부품(26.6)
9	석유제품(0.7)	합성원료(5.7)	컴퓨터(24.8)
10	석유화학제품(0.7)	중간원료(5.1)	석유원료(21.6)

출처: 관세청, kita.net(MTI 3단위)

〈표 4〉 對중 10대 수입품목 및 금액 변화

단위: 억 달러

순 위	1992년	2000년	2009년
1	식물성 물질(6.6)	의류(8.7)	반도체(46.3)
2	원유(2.2)	컴퓨터(8.2)	컴퓨터(43.1)
3	섬유직물(2.2)	석탄(7.2)	LCD(34.5)
4	시멘트(2.1)	식물성물질(6.9)	철강판(30.2)
5	석탄(2.1)	반도체(6.3)	의류(22.2)
6	견직물(1.8)	화학원료(3.9)	휴대폰(17.1)
7	곡실류(1.4)	선철 및 고철(3.8)	화학원료(14.6)
8	화학원료(1.1)	음향기기(3.5)	철구조물(14.2)
9	면직물(1.0)	석유제품(3.2)	기구부품(13.1)
10	기타농산물(1.0)	어류(3.1)	석탄(11.4)

출처: 관세청, kita.net(MTI 3단위)

〈표 5〉한국 측 통계

단위: 억 달러

	2010	2011.1-2
총 액	1,884(33.7)	322(22.0)
對中수출	1,168(34.8)	198(17.9)
對中수입	716(31.9)	124(28.6)
무역수지	452	74

〈표 6〉중국 측 통계

단위: 억 달러

	2010	2011.1-2
총 액	2,072(32.6)	345(24.7)
對韓수입	1,384(35.0)	230(22.0)
對韓수출	688(28.1)	115(30.6)
무역수지	-696	-115

출처: 한국무역협회(KITA), 중국해관총서
( ) 안은 전년동기대비 증가율(%)

〈표 7〉한국 5대 교역국(2010년)

순위	국명	교역액 (무역수지)	수출	수입
1	중국	1,884(452)	1,168	716
2	일본	925(-361)	282	643
3	미국	902(94)	498	404
4	사우디 아라비아	314(-222)	46	268
5	대만	284(12)	148	136
전체		8,916(412)	4,664	4,252

<표 8> 중국 5대 교역국(2010년)

순위	국명	교역액 (무역수지)		
			수출	수입
1	미국	3,853(1,813)	2,833	1,020
2	일본	2,978(-556)	1,211	1,767
3	홍콩	2,306(2,060)	2,183	123
4	한국	2,072(-696)	688	1,384
5	대만	1,454(-860)	297	1,157
전체		29,728(1,831)	15,779	13,948

*단위: 억 달러(한국은 홍콩 제외 시 중국의 3대 교역국)
출처: KITA, 중국해관총서

<표 9> 양국 간 주요지표 비교(2010년 말 기준)

구 분	한 국	중 국
GDP	8,999억 달러 *전년대비 6.1% 성장	60,237억 달러(2위) *전년대비 10.3% 성장
1인당 국민소득	–	–
대외무역	8,916억 달러	29,727억 달러(2위)
외국인투자	131억 달러(신고기준)	1,057억 달러(실행기준)
외환보유액	2,916억 달러	28,473조 달러(세계 1위)

출처: 각국 통계기관 발표자료

(2) 한중 투자 동향

중국은 현재 한국의 1위 투자대상국으로 정식수교와 한국의 산업구조조정(産構造調整) 등으로 인해 중국에 대한 투자가 급증하였다. 1985년 홍콩을 통한 우회적인 투자가 시작된 후 수교 전후를 기점으로 1991년 107건, 1993년에는 630건(5억 7천 30만 달러)의 투자가 이루어졌으며, 2000년 들어 415건(2억 3백만 달러)를 기록하는 등 2000년대 이후로 미국을 제치고 한국기업이 가장 선호하는 투자대상국이 되었다. 2011년 1분기 누계 기준으로 대중 투자액은 318억 8천만 달러에 이르고 있다.

〈표 10〉 한국 측 對中 투자 통계

단위: 건(신규법인수), 억 달러

	2010년까지 누계	2011년 1월	2010년 말까지 누계
건 수	21,016	(분기별 발표)	21,016
투자액	318.8	(분기별 발표)	318.8

〈표 11〉 중국 측 對韓 투자 통계

단위: 건(신규법인수), 억 달러

	2010년까지 누계	2011.1-2월	2011.2월 말까지 누계
건 수	통계 없음	–	–
투자액	478.7	3.69	482.4

*한국통계는 분기별로 발표, 327억불(누계)
출처: 한국수출입은행, 중국상무부

중국의 對韓 투자 동향을 지식경제부의 통계를 기준으로 보면 '07년 (365건/ 3.8억 달러) → '08년(389건/3억 4천 달러) → '09년(538건/1억 6,100만 달러) → '10년(616건/4억 1,400만 달러)으로 최초 투자 개시 시점부터 2010년까지 총 누계액이 7,126건/30억 9천만 달러를 기록하고 있다. 이는 전체 FDI[1] 1,736억 달러 중 1.8%에 해당되는 수치로 중국 내에서의 대외 투자대상국 순위로 여섯 번째 국가에 해당된다.

---

1) Foreign Direct Investment: 외국인직접투자

〈표 12〉 중국에서의 투자순위

단위: 금액기준(억 달러)

순위	2010년		2011.1-2월		2011.2월까지 누계	
1	홍콩	674.7	홍콩	114.8	홍콩	7,236
2	대만	67.0	대만	11.4	일본	969
3	싱가포르	56.6	싱가포르	9.5	미국	815
4	일본	42.4	일본	8.0	싱가포르	619
5	미국	40.5	미국	5.2	대만	496
6	한국	26.9	영국	4.3	한국	483
7	영국	16.4	한국	3.7	독일	310
-	전체	1,057.4	전체	178.2	전체	15,270

*실제투자 기준, 금융업 제외
출처: 중국 상무부

　　업종별 투자 현황을 보면 한국의 對中 투자의 대부분은 제조업이 차지하고 있다. 제조업 투자분야 중에서는 전자통신, 수송기계 등 기술·자본집약적 분야의 투자가 주를 이루고 있으며, 그 뒤를 수송기계와 석유화학 등의 투자가 따르고 있다. 한편 노동집약적 산업 분야인 섬유산업 분야는 대중국 투자비중이 점차 감소하고 있다. 경쟁력이 약화된 업종의 투자를 후원하고 중국의 전략육성산업이면서 협력가능성이 높은 항공기, 자동차, 원자력발전 등을 우선 협력분야로 선정하여 산업협력을 추진하고 있다.

〈표 13〉 우리나라의 對中國 업종별 투자 추이

단위: 백만 달러

구분	2003	2004	2005	2006	2007	비중	누계	비중
제조업	1,517.9	2,124.5	2,237.5	2,731.3	3,648.7	66.8	18,204.2	78.4
전자통신	393.1	611.4	520.3	1,002.2	1,523.3	27.9	5,538.7	23.8
수송기계	194.2	233.6	431.2	480.5	671.8	12.3	2,573.1	11.1
석유화학	230.5	279.4	202.4	295.2	347.6	6.4	1,948.1	8.4

기계장비	54.8	129.6	105.9	96.0	223.8	4.1	823.5	3.5
섬유의복	159.4	274.1	238.7	184.4	219.3	4.0	1,967.5	8.5
조립금속	120.6	91.4	84.3	139.3	213.8	3.9	1,130.8	4.9
일차금속	151.4	159.9	229.9	99.0	156.5	2.9	1,077.3	4.6
음식료품	40.6	93.9	140.7	129.4	98.4	1.8	778.9	3.4
비금속광물	74.4	78.6	102.6	136.5	48.7	0.9	901.8	3.9
신발가죽	10.2	15.8	46.4	28.8	32.2	0.6	312.0	1.3
기타	88.6	156.7	134.8	139.9	113.4	2.1	1,152.4	5.0
비제조업	293.0	258.6	561.5	617.6	1,817.1	33.2	5,027.2	21.6
금융/보험업	113.0	50.2	119.2	15.0	886.3	16.2	1,504.3	6.5
도소매업	70.6	67.5	174.5	220.7	213.0	3.9	974.3	4.2
건설업	12.5	35.4	62.3	72.8	164.1	3.0	562.0	2.4
부동산/임대업	35.0	37.5	51.3	91.6	142.5	2.6	550.5	2.4
숙박/음식업	6.3	20.9	25.1	23.6	28.3	0.5	358.1	1.5
서비스업	4.3	9.0	31.4	62.8	196.6	3.6	328.3	1.4
기타	51.2	38.2	97.8	131.1	186.3	3.4	749.8	3.2
합계	1,810.9	2,383.1	2,799.0	3,348.8	5,465.8	100.0	23,231.4	100.0

출처: 한국수출입은행

　　비제조업 투자부문에서는 금융업과 부동산업 분야의 투자가 2007
년도 즈음까지 활발한 움직임을 보였다. 하나은행과 우리은행 등 금
융기관의 중국법인이 설립되면서 금융 및 보험업 부문에서 전체 업
종 중 2위를 기록하였다. 그러나 2009년 금융위기와 함께 중국 정부
가 사회불안을 조장하는 물가상승문제를 해결하기 위해 부동산 경기
억제와 금융시스템 신용 강화 정책을 내놓게 된다. 2010년 이후로 중
국의 주요 100개 도시의 부동산 가격이 내리기 시작하는 등 실효를
거두긴 했으나, 이로 인해 중국의 경제 성장 속도를 둔화시키는 결과
가 초래되었다(<표 13>, <그림 2> 참조).

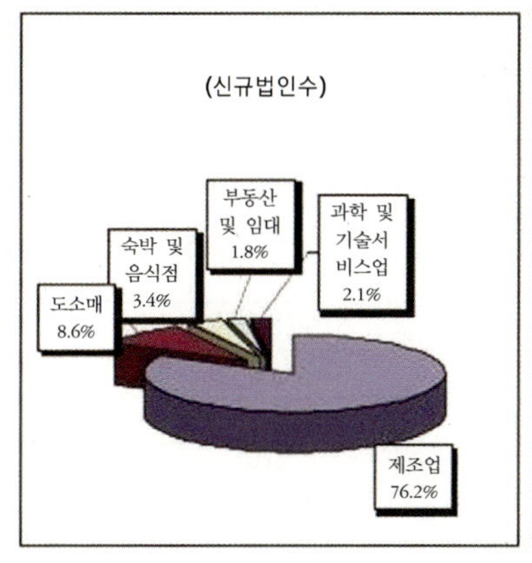

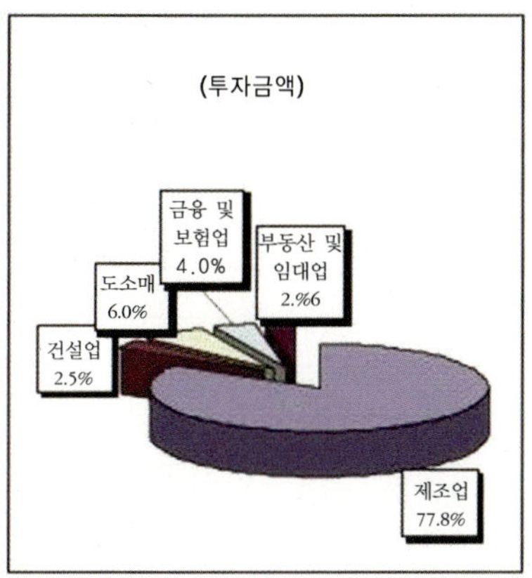

출처: 한국 수출입은행, 2011

〈그림 2〉 제조업 분야의 대중국 투자 업종

지역별 투자 현황을 보면 수교 후 초기에는 투자 대상지역이 발해만(渤海灣) 주변과 동북3성(東北三省)에 편중되었으나, 2007년 이후 한국기업의 對화동지역(상하이, 장쑤성, 저장성), 화북지역(베이징, 톈진, 허베이성)에 대한 직접투자가 급격히 증가했다. 2011년 말 누계 금액 기준 산둥성은 여전히 최대의 투자지역이며, 이어서 장쑤성(22.5%)과 베이징시(11.3%) 순이다.

그러나 최근 중국의 외국인 직접투자에 대한 세제혜택의 감면 또는 취소, 종신고용 등 고용조건의 악화, 임금상승과 같은 중국의 투자환경 악화로 對중국 투자 비중은 2003년을 정점으로 꾸준히 감소하고 있다. 이는 전통적인 산둥성(山東省) 중심의 저임금을 이용한 수출 위주형 제조업체 투자가 감소하는 반면, 장쑤성(江蘇省)에서 첨단기업과 내수 위주의 투자가 늘어나면서 투자패턴이 바뀌는 데 이유가 있다 (<표 14> 참조).

<표 14> 對중국 지역별 투자 현황(2011년 말 기준)

성/시/구	신고건수(건)	신규법인(개)	신고금액 (천 달러)	투자금액 (천 달러)
합 계	44,506	21,844	50,225,962	35,997,819
산둥성	16,032	7,397	11,593,587	8,188,712
장쑤성	4,669	1963	11,264,613	8,176,007
베이징시	3,385	1758	5,616,748	4,100,384
랴오닝성	5,071	2877	5,096,184	3,375,496
톈진시	4,165	1832	3,988,713	2,916,448
상하이시	3,311	1750	2,904,581	2,321,970
광둥성	1,773	809	2,496,858	1,838,131
저장성	1,301	732	1,773,159	1,312,253
지린성	1,792	1080	1,227,441	803,531
허베이성	760	431	643,995	453,623
후난성	103	43	592,890	543,978
헤이룽장성	703	400	553,449	327,126
자치구	143	88	505,055	211,298
장시성	109	55	390,371	325,311
산시(山西)성	60	33	280,098	192,437
쓰촨성	311	110	257,995	191,717
푸젠성	283	132	257,818	200,563
안후이성	167	78	205,720	149,993
후베이성	122	69	170,095	115,903
하이난성	75	41	162,955	63,910
허난성	104	56	103,144	83,221
간쑤성	50	17	53,426	30,241
윈난성	72	44	35,818	31,959
성서성	43	32	29,133	23,865
구이저우성	17	10	19,348	17,717
칭하이성	10	7	2,769	2,027

출처: 한국수출입은행 자료 편집 재구성

2) 양국 간 교역 구조의 변화 추이

1992년 한중수교 이래 양국의 경제협력관계는 빠른 속도로 발전하여 현재 한국은 중국의 4대 무역 상대국으로 부상하였다. 2002년부터 빠르게 확대되어오던 우리나라의 對중 무역흑자는 2007년 상반기에는 전년동기대비 18.9% 감소하기 시작해 점점 흑자폭이 감소하는 추세를 보이는 등 양국 간 교역 구조에도 다각도로 변화의 양상을 보이고 있다.

첫째로 자본재의 수출 비중이 감소하고 있다는 것으로 우리나라는 기계 등 자본재가 전체 對중 수출의 절반 이상을 차지하고 있다. 반도체와 LCD 등 IT부품을 중심으로 자본재 수출이 2002년 이후 연평균 39%씩 증가해오다가 중국의 기술진보 및 반제품 수입대체를 반영하여 자본재 수출 비중이 하락하고 있으며 원자재도 2005년을 기점으로 현저히 수출이 감소해오고 있다. 한편 부품 수출이 빠르게 증가함으로써 전체 중간재 수출비중은 오히려 상승하는 면을 볼 수 있는데 이는 반도체, 컴퓨터 부품, 휴대폰 부품 등의 부문에서 우리나라에 대한 부품의존도에 의한 것이라 할 수 있다.

둘째, 하이테크기술 제품의 수출 비중이 증가하고 있다는 것인데 무역수지 면에서도 고기술 및 중고기술 산업의 흑자가 빠르게 확대되고 있다. 특히 對중 수출입이 모두 증가하고 있는 부품의 경우 수출은 통신기기, 반도체 등 고기술 제품이, 수입은 가전제품부품 등 범용 부품이 각각 주도하고 있다. 반면 저기술 제품의 경우 수출비중의 급격한 감소와 함께 무역수지도 적자로 전환하였다.

셋째, 세계 시장에서의 중국과의 경쟁이 날로 심해지고 있는 점을 꼽을 수 있다. 중국의 수출구조의 고도화와 함께 우리나라의 점유율이 하락하고 있는 섬유의복, 컴퓨터부품, 가전제품의 경우 중국의 점유율이 빠르게 상승하고 있고 우리나라의 점유율이 상승하고 있는 철강, 무선통신기기, 반도체, 자동차 등의 품목의 경우도 중국의 점유율이 상승하면서 세계시장에서 경쟁구도로 자리 잡고 있다.

마지막으로 對중 수출의존도가 둔화되고 있는 모습을 보이고 있다. 2006년을 기점으로 미국, 일본 및 베트남, 캄보디아, 카자흐스탄, 슬로바키아 등 아시아 및 동유럽 신흥시장국에 대한 직접투자가 크게 증가한 반면 對중 수출의존도는 하락세가 지속되고 있다. 이는 중국 이외의 지역에 대한 투자를 확대하고 수출대상국을 다변화하는 등 중국 리스크에 원활하게 대응하고 있음을 시사한다고 볼 수 있다.

3. 중국 진출 한국기업의 현황과 사례

1) 중국 진출 한국기업의 현황

양국 간 교역량의 증가와 함께 한국기업의 중국 진출도 급증했다. 2010년 말 기준 중국에 진출한 한국기업 법인 수는 20,101개를 넘어섰으며 신고건수로는 배에 가까운 3만 9,982개가 진출해 활동하고 있다. 사업 규모별 시장 진입에 있어서는 투자건수 부문에서 대기업은 증가하였으나 개인기업, 개인 및 기타 비영리단체 등은 감소한 것으로 나타났다. <표 15>을 참조로 보면 2007년의 경우 대기업, 중소기업, 기타의 투자금액은 각각 51.4%, 25.1%, 0.6%로 증가하였으나, 투자건수의 경우 대기업은 18.3%로 증가한 반면, 개인은 8.7% 감소하였고 중소기업은 변동이 없었다. 이러한 투자건수의 감소는 중국의 투자환경 변화에 영향을 받은 것이라 할 수 있다.

〈표 15〉 중국진출 한국기업 규모별 투자 동향

구 분	2005		2006		2007		2009		2010	
	건수	금액	건수	금액	건수	금액	건수	금액	건수	금액
대기업	102	1,029	107	1,243	104	1,453	84	1,848	103	3,659
중소기업	1,100	93	1,039	963	947	1,096	891	1,206	891	1,509
기 타	505	89	978	177	1,240	250	1,274	295	1,168	297
합 계	1,707	1,181	2,124	2,382	2,291	2,799	2,249	3,349	2,162	5,466

* 기타: 개인사업자나 기타 비영리 단체
출처: 한국수출입은행, 2011

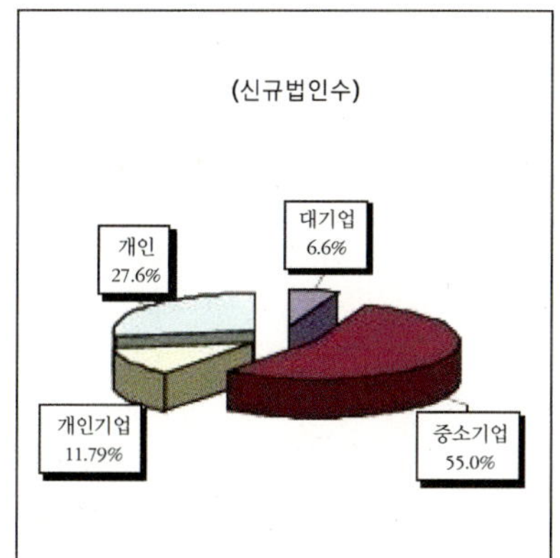

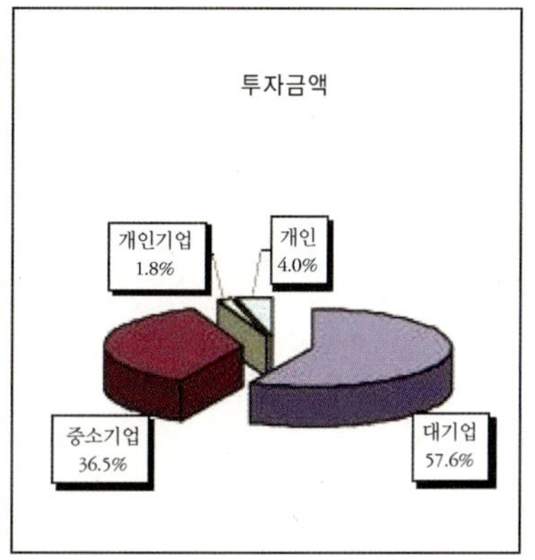

출처: 한국 수출입은행, 2011

〈그림 3〉 기업규모별 대중 투자 현황(2010년 말 기준)

중국에 진출한 한국기업 가운데 중소기업이나 개인사업자들은 주로 제조업 분야에 종사하는데 완구, 신발, 가구제조, 전자부품, 금속

제품, 방직, 플라스틱제품, 의류 등의 노동집약적인 산업이 주류를 이루고 있다. 2010년 후반 이후로는 수많은 제조업체가 문을 닫거나 공장을 다른 지역으로 이전하는 현상이 빈번히 발생하였다. 주요 원인은 제조원가 상승으로 인해 중소형 및 저부가가치 제조업체들이 영향을 많이 받은 것에 있는데, 특히 신발, 의류, 완구, 금속제조업 등의 사업에 대한 영향이 가장 큰 것으로 나타났다. 이는 인건비 상승 요인 때문으로, 노동집약적 가공업 위주의 중소기업에 대한 투자환경이 악화되고 있는 데 그 원인이 있다.

반면 대기업들은 풍부한 자금과 첨단기술의 보유로 현지에서 생산한 제품을 현지시장에 주로 공급하고 있다. 또한 내륙지역에 공장을 설립하면 토지, 수도, 전기, 인건비 등 평균가격이 연해지역보다 많이 저렴하고, 완제품의 가격도 낮출 수 있으므로 한국의 대기업들은 이러한 이점을 고려하여 내륙지역에 생산규모를 확대하는 경향을 보이고 있다. 그 외에 중국 서비스산업과 에너지 산업, 금융업 등 분야에도 활발하게 진출하고 있다.

〈표 16〉 중국 진출 한국기업의 지역별 제조업종별 투자

단위: 백만 달러

구 분	음식료품	섬유의복	석유화학	1차금속	조립금속	기계장비	전자통신	수송기계	기 타	합 계
장쑤성	4.2	66.6	148.9	53.1	22.8	43.9	1,024	100.4	25.5	1,489.5
산둥성	30.6	56.5	66.5	19.2	60.3	54.3	109.0	158.2	72.0	626.5
랴오닝성	5.7	16.4	8.9	47.3	36.1	36.5	13.1	132.4	12.8	309.2
톈진시	7.4	4.3	24.4	2.1	1.1	45.0	9.0	140.9	1.2	235.4
베이징시	1.3	1.5	16.5	1.9	4.9	14.9	172.0	31.2	17.1	261.4
광둥성	0.0	13.7	7.8	10.7	6.6	3.7	136.9	4.4	5.3	189.2
상하이시	10.6	19.6	10.7	1.7	1.4	15.6	15.3	25.0	24.1	124.0

허베이성	8.8	1.6	3.3	4.8	78.8	0.8	19.8	1.7	1.5	121.0
저장성	0.1	35.2	46.3	8.8	0.6	5.2	1.5	1.7	11.6	111.1
기 타	29.6	3.9	14.2	6.7	1.3	4.0	22.6	76.1	23.0	181.4
합 계	98.4	219.3	347.6	156.5	213.8	223.8	1,523.3	671.8	194.2	3,648.7

출처: 한국 수출입은행. 2011

2) 성공·실패 사례

기업 경영인에게 중국시장은 저렴한 인건비와 풍부한 노동력과 자원 그리고 거대한 내수시장 등 진출 동기가 충분한 시장이다. 그러나 중국의 급속한 경제성장에 따른 중국 내 투자환경과 정책변화는 또 다른 리스크를 낳고 있다. 매년 14%가 넘는 가파른 임금인상과 고용악화 등으로 외국기업들의 중국내수시장 진출경쟁이 날로 심화되고 있는 것이다. 그 가운데 중국시장 직접투자에 성공한 기업과 실패한 기업의 사례들을 아래에서 소개한다.

(1) 성공사례: 이랜드, E-마트, 삼성전자

① 이랜드

중국브랜드명은 '이니앤(衣念)'으로 '옷을 생각한다'는 의미가 있는 것으로 알려져 있다. 이랜드는 1990년대 초반 중국 동부 연해지역인 상하이에 현지법인을 설립하였다. 중국 유통시장 진입 초기에는 '이랜드', '스코필드' 등 한국에서의 시장 진입 때와 마찬가지로 중저가 캐주얼부문에서 브랜드 위상을 구축하려 하였다. 그러나 당시 중국은 중저가 시장이 이미 과포화상태였으므로 소비자들의 외면을 받으며

경영 실패를 경험하게 된다. 전환점을 맞이하게 되는 것은 2001년 새
로운 사장(최종양)이 임명되면서부터이다. 중국 시장에 맞는 철저한
현지 조사와 경험을 통한 문화의 이해 등 '현지화'를 기업의 전략 목
표로 세워 공략하기 시작했다. 중국 여성들의 사회진출이 활발하며
구매력이 높은 점을 감안해 20대 부유한 여성층을 중심으로 중고가
전략으로 전환하면서 유통경로를 기존과는 차별화된 인테리어로 백
화점이나 전문점 등으로 고급화해 나갔다.

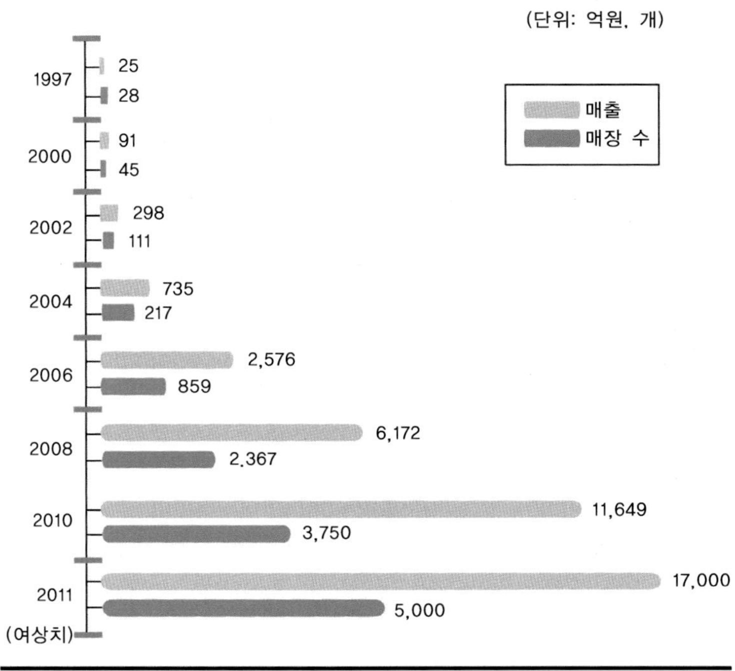

※자료: 중국이랜드

〈그림 4〉 중국 이랜드 연도별 매출 & 매장 현황

〈그림 5〉 중국 이랜드 로고

현재 이랜드는 중국 내 한국 상품군 중 의류브랜드 인지도에서 단연 상위권에 속해 있다. 베이징, 상하이 등 주요 도시 백화점에 매장 100여 개를 운영하고 있으며, 프랜차이즈 시스템으로 본부가 가맹점에 대하여 제품, 서비스 상점 관리의 노하우 등을 제공하는 대가로 계약금이나 로열티들의 수입을 얻는 계약에 의하여 운영되고 있다.

또한 이랜드는 공항광고를 통해 홍보 촉진전략을 활용하였다. 1994년 중국 진출 시부터 4년간 지속적으로 공항카트(cart)에 광고를 게재하여 고급 이미지를 심기 위해 노력하였다. 공항 광고의 경우 이용자들이 주로 부유층이라는 점에서 유효했으며, 철저한 현지화 전략을 실시했다. 또한 로고 바탕 색상을 중국인들이 선호하는 빨간색으로 선정해 중국 문화 및 소비자의 정서를 바탕으로 사업을 전개했다.

현재 이랜드는 향후 2015년까지 중국 매출액 6조원대를 눈앞에 두고 있다. 토털 패션기업들 가운데 1위 기업으로 도약했으며, 매장도 4,201개에서 12,000개로 확대되었다. 지금까지의 기업 경영이 현지화를 통한 내실 기반을 다지는 것이 최우선이었다면, 향후에는 본격적 중국 패션사업의 성장기를 맞이할 것으로 기대된다.

② E-마트

중국브랜드명은 '이마이더(易買得)'로 '쉽고 싸게 사서 이익을 얻는다'라는 의미가 있는 것으로 알려져 있다. E-마트는 한국 유통 분야의 기업들 중에 가장 먼저 중국에 진출했다. 중국의 대표적인 거점도시를 교두보로 사업을 전개해나갔는데, 현재 톈진(天津) 지역을 중심으로 시너지 효과를 낼 수 있는 항저우(杭州), 우시(無錫), 베이징(北京) 등 지역별 거점도시를 우선 공략한 뒤 장기적으로 화남권, 산동성, 동북권 등에도 신규거점을 확보하고 화동지역에 물류센터를 건립할 계획에 있다.

지난 1997년 2월 상하이 취양로에서 1호점을 개점하였다. 초기에는 까르푸, 월마트 등의 해외 다국적 유통기업들에 밀렸으나, 2004년 2호점 개점을 시작으로 활기를 띠기 시작했다. 2009년에는 상하이에 10개, 톈진 4개, 우시 2개, 쑤저우 2개, 베이징 1개 등 총 21개의 매장을 운영하였고, 향후 2015년까지 4천억 원을 투자해 독자적인 방식으로 중국 전역에 100여 개의 매장을 확장 운영할 계획에 있다.

이마트는 가격경쟁력을 통한 시장점유율을 확보하기 위하여 최저가격제와 최저가격보상제 등을 실시하고 있는 한편 고급화된 매장이미지 구축을 위하여 현재 40여 가지의 백화점에서만 유통되는 화장품류와 의류 등을 판매하고 있다. 또한 중국 신흥 고소득 · 고소비자층을 겨냥해 최첨단 디지털상품매장과 와인전문코너 등 별도의 차별화되고 고급화된 매장 운영을 전개해나가고 있다.

〈표 17〉 중국 이마트 매출 현황

단위: 억 원

연 도	1997	2003	2004	2005	2006	2007	2008	2009
매출액	360	430	600	990	2000	2500	3500	5700
점포수	1	1	2	4	7	10	18	21

〈표 18〉 중국 진출 한국유통기업 현황

회사명	주요 현황
신세계E-마트	−1997년 진출, 2007년까지 상하이, 톈진 등에 10개 점포 오픈 −2012년까지 100개 점포 구출 시장점유율 3위 달성 목표
롯데그룹	−2008년 8월 베이징에 1호 백화점 개장 −2017년까지 15~20개 점포 개설 계획
GS홈쇼핑	−2002년 첫 진출, 베이징TV 통해 화북지역 등으로 홈쇼핑 방송
CJ홈쇼핑	−상하이미디어그룹과 합자로 홈쇼핑사 설립. 상하이 지역 공략
현대홈쇼핑	−광저우와 선쩐지역에 홍야홈쇼핑, 선쩐현대통뤄안홈쇼핑 등 2개 운영
롯데홈쇼핑	−문도방교육발전유한공사와 제휴, 선쩐에 중국홈쇼핑법인 설립 추진
롯데리아	−1994년에 첫 매장 개설, 2003년 철수 후 2008년에 베이징에 재오픈
CJ푸드빌	−2005년 베이징에 '뚜레쥬르'와 '시젠' 오픈
CJ CGV	−2007년 상하이에 '上影CGV' 개관
SK네트웍스	−2005년 최초 자동차 정비매장 개설, 장기적 1만 개 이상 정비망 구축계획
농심	−1996년 '신라면'으로 상하이 진출
오리온	−초코파이와 품목의 다양화를 통해 베이징, 상하이지역 매출이 연평균 35%, 65%씩 증가

출처: 한국경제신문(2008)

③ 삼성전자(三星电子)

삼성그룹은 1970년대 중반 이후로 중국과 교류를 트기 시작했다. 1992년 한중수교 이후 對중국 대규모 투자를 하기 시작해 1996년 3월에 삼성투자유한공사(三星投資有限公司)를 정식 설립하였다. 중국 삼성전자의 생산·판매 및 서비스망은 4개 市를 비롯해 산둥, 장쑤, 광둥, 홍콩 등지로 여러 지역에 걸쳐 퍼져 있다. 1995년 중국사업본부가 설립되기 전까지는 중국시장에 대해 마케팅보다는 인건비를 고려한 생산기지 차원으로 인식해서 생산설비 투자에 더 중점을 두었다. 그러나 중국 경제 성장으로 중국 소비자들의 구매층이 한층 넓어지고, 고급스러워지는 추세에 따라 현지 내수 중심의 마케팅 전략을 세워나갔다. 삼성전자는 중국시장 공략을 위해 대기업의 자본력과 정보수집력, 제품의 경쟁력을 바탕으로 리치마케팅, 한류마케팅, 문화마케팅 등의 전략을 필두로 하여 브랜드 이미지와 제품 이미지를 높이는 전략을 펼쳐 중국의 내수 시장에서 강세를 보이고 있다.

삼성의 브랜드 인지도 1위인 휴대폰 애니콜을 기반으로 프로젝션 TV, 냉장고, MP3 등 전지제품의 인지도 확산에 나서고 있으며, 모바일제품, 모니터, 브라운관, 반도체 등을 출시하여 제품의 경쟁력을 선점하고 있다. 또한 와이브로, 지상파 DMB 기술 보유, 나노 모바일 칩 기술, LCD 등의 높은 기술력을 바탕으로 한 제품도 선보여 시장 가격 대비 2배 이상의 고가로 시장에 내놓고 있다. 2008년 베이징 올림픽 공식후원을 통해 이미지를 제고하기도 했다. 삼성전자는 2011년 기준 對중국 순매출액이 2,200억 달러, 총자산액이 3437억 달러를 기록하고 있다.

〈표 19〉 삼성전자의 중국시장 점유율

제품	점유율(%)	순위
TV	9.9%	1위
모니터	21%	1위
DVD플레이어	14%	2위
레이저프린트	11.6%	2위

출처: 중국정보통신부(2009)

- 리치 마케팅: 중국의 소수 상류층을 겨냥한 마케팅으로 이동통신 및 디지털 미디어 제품 등 고부가가치 제품을 위주로 한 고가 전략 마케팅
- 한류 마케팅: 중국 내 부는 한류 바람을 타고 스타연예인들을 앞세워 청소년층에서부터 정서적으로 파고들어 브랜드 인지도를 상승시키는 전략 마케팅
- 문화 마케팅: 중국 방송 CCTV와 공동으로 성인대상의 디지털맨 선발대회, 중고생 대상 퀴즈프로그램을 제작해 브랜드 이미지를 광고하거나, 삼성전자제품 출시 때 신제품의 성능과 특색을 살려 중국 소비자가 충분히 인지할 수 있을 제품명을 짓는 등(예: 명품플러스원 TV⇒天外天, 전자렌지⇒新天地) 문화생활을 통해 삼성의 기업 이미지를 높이는 전략

(2) 실패사례

우리나라 기업들의 중국진출기업의 성공사례가 많아지면서 중국 진출이 일종의 붐처럼 일어났다. 이에 무분별한 사업설명회가 개최되기도 하고 때로는 중국을 상대로 차이나 드림을 꿈꾸게 되기도 하였다. 중국시장이 기업의 이윤창출을 위해 좋은 기회가 될 수 있지만, 정확한 시장조사, 환경 분석 및 사회제도 관한 지식 등이 선행되어야 한다. 이러한 점들을 무시하고 무분별하게 중국시장에 진출한다면 그 도전은 실패로 끝날 수밖에 없다.

① 부적절한 마케팅으로 중국 진출에 실패한 사례

대기업 M사는 중국에 진출할 당시 많은 브랜드를 가지고 진출했다. 그리고 대기업 명성에 맞게 최고급 백화점에 입점했다. 당시 백화점도 특별대우를 하여 이 기업의 중국진출은 성공할 것이라는 기대가 있었다. 그러나 고가의 모델료와 광고료를 지불하고 입간판을 세

워 홍보하였으나, 효과를 전혀 보지 못했다. 중국에 한류 열풍이 일고 있지만 중국인이 전혀 관심을 갖지 않는 연예인을 모델로 내세웠었기 때문이었다.

또 다른 실패사례로 한국의 의류업체인 M사는 중국에 진출할 때 이탈리아 브랜드를 벤치마킹하면서 고가정책을 구사했다. 그러나 그것은 중국 남성들의 욕구를 전혀 이해하지 못한 마케팅이었다. 중국인들은 유럽문화에 대한 대중적 선호감을 갖고 있어 자신들의 신분을 드러내는 수단으로 이탈리아 등 유럽브랜드의 양복과 구두를 선호하기 때문이다. 고가의 의류를 구매할 만큼 경제적 능력이 충분한 중국인이라면 디자인이나 재료품질 등은 개의치 않고 유럽제품을 선호하는 중국 소비자의 성향을 파악하지 못한 데서 실패 이유를 찾을 수 있다.

② 성급한 투자와 숙련되지 않은 인력으로 실패한 사례

의류 제조업체 E사는 중국시장에 공장 설립 시 저렴한 인건비를 통한 생산원가 절감, 저렴한 지대, 아직 공산국가인 중국정부의 충분한 지원을 통한 세제 혜택 등에 매력을 느껴 중국 현지에서 실시한 투자설명회의 진실성을 믿고 중국공장설립을 추진하였다. 공장설립 초기에는 공무원이 직접 나서 공장 부지를 알선해 주고, 공장설립에 필요한 서류를 작성하여 주는 등 이전에 필요한 모든 업무를 정부에서 대행해 주었다고 한다.

그러나 공장 설립이 끝나고 난 후에는 중국 정부의 태도는 급변하였다. 공장 운영에 대한 잦은 제약을 두었으며, 처음에 약속한 세제의 혜택도 약속대로 이행하지 않았다. 이에 E사 사주는 정부에 항의를 하였지만 중국공무원들은 확인해 보겠다는 통보만 남긴 채 적당한 조치는 시간이 지나도 취해지지 않았다. 외국회사 공장 유치에만 신경을 쓸 뿐 사후 관리에는 관심이 없었던 것이다.

또한 중국 진출의 큰 매력 중의 하나였던 싸고 풍부한 인력은 숙련되지 않은 인력으로 바로 현장에 투입할 수가 없었고, 숙련되지 않은 인력으로 생산하는 물건의 질은 현저하게 떨어질 수밖에 없었다. 결국 중국현지에서 생산된 제품은 바이어의 요구치에 이르지 못해 판매되지 못하였고, 결국 E사는 중국 정부의 지원, 저렴한 인건비를 기대하고 중국 현지 공장을 설립하였으나 사전에 철저하지 못한 정보수집으로 인하여 많은 투자비와 쌓이는 제고품으로 인해 도산하였다.

③ 중국 측을 무조건 믿어서 실패한 사례

A사는 안경렌즈 생산을 위주로 하는 회사로 여러 번 왕래가 있어 절친하던 중국지방정부 고위층의 소개로 M사와 합자계약을 체결하고 총 100만 달러 중 75%를 투자 하여 공동으로 기업경영을 진행할 것을 결정했다.

합자회사의 이사회는 모두 6명으로 구성되었는데 한국인 4명과 중국인 2명이었다. 한국 측 입장에선 중국 측과 매우 절친한 사이이고 고위층의 소개로 중국진출을 한 만큼 업무처리의 신속과 효율 극대화를 위하여 중국 측에서 임원직을 모두 맡는 걸로 하고 다만, 모든 것은 사전협의를 통해 처리하기로 생산경영 합자계약을 체결했다. 초창기에는 공장이 잘 운영되는 듯했으나, 투자를 소개한 고위관리가 개인적으로 문제가 생겨서 자리에서 물러나게 되자 중국 측 임원진들이 갑자기 체결한 합자계약을 위반하고 합작기업의 경영을 독선적으로 운영하기 시작했다. 이에 대해 한국 측에서 적극 반발에 나서자 중국 측은 불만을 품게 되어 사사건건 의견 충돌이 일어났다. 이로 인해 결국 합자기업은 생산 마비상태에 빠져 들었고 상품의 생산량도 평소보다 50%나 줄어들었으며 부서 간 상호 업무연락마저도 끊어지게 되면서 회사는 적자의 누적으로 결국 도산하게 되었다.

4. 한중 통상 분쟁 사례

한국과 중국은 지리적·문화적 인접성 등의 요인으로 인해 양국 간 농산물의 수출입이 급격하게 늘어나고 있다. 지난 2000년 이후 수출입 상품을 놓고, 양국 간 크고 작은 마찰들이 있어왔다. 특히 농산물 교역의 특성에 비추어 볼 때 이러한 수입증가는 한중 간의 농산물 통상 분쟁을 초래할 가능성이 매우 크다고 볼 수 있다. 한국정부는 장어, 찐쌀, 김치, 차 등 중국에서 수입해 들여온 농·수산물에 유해물질이 검출되었음을 판정내린 바 있다. 이에 중국은 그간 쌓여온 불만을 터트리며 한국에 휴대폰 등의 수입 금지라는 보복 조치를 단행했다. 아래에서는 그동안 발생한 한중 간 농산물 통상 분쟁 사례를 마늘분쟁과 김치분쟁을 사례로 들어 살펴본다.

1) 마늘 분쟁 사례

(1) 분쟁의 배경

마늘분쟁은 2000년 6월 중국산 냉동마늘과 초산조제 마늘의 관세율을 30%에서 315%로 10배가량 대폭 올리는 세이프가드 조치를 취하면서 시작되었다. 한국의 마늘 농업은 쌀 다음으로 생산액이 크며, 전체 농가의 1/3이 생산하고 있는 작물이다. WTO 가입 이후 UR협상의 결과에 따라 우리나라는 농산물을 수입해야만 하는 상황에 놓였는데 신선, 냉장, 건조 및 일시저장 마늘 등의 보통 마늘의 경우 50%의 관세를 부과하고, 물량을 초과하여 수입하는 분량에 대해서는 1995년을 기준으로 396%의 높은 관세를 부과했다. 그러나 냉동마늘과 초산조제마늘에 대해서는 기준을 달리하고 있었다. 협상 당시 국내수요가 없거나 미미할 것으로 판단하여 30%의 낮은 관세율을 허용한 것이다. 이후 중국산 마늘 수입량이 급증하면서 1999년에는 한국시장의 35%를 차지하게 되었다. 문제는 중국산 마늘이 380%의 관세를 부과하였어도 그 가격이 한국산 마늘의 80%에도 못 미치며, 30%를 부과한 냉동마늘의 경우는 그 가격이 한국산 냉동마늘의 30%에도 채 미치지 못한다는 데 있었다. 냉동마늘과 초산조제마늘 수입의 급격한 증가로 인해 마늘 분쟁이 일어나게 되는 배경과 원인이 된 것이다.

중국은 세계 마늘생산량의 75%를 차지하고 있는 나라이며 그 중에 산둥성의 경우에는 한국에서 재배되는 것과 동일한 품종을 생산하고 있다. 산둥성의 지방정부는 한국시장 점유를 목적으로 정부 지원 아래 재배면적을 늘려왔을 뿐만 아니라 2000년도에는 3만 톤 규모의 냉동저장 시설을 만드는 등 다른 마늘에 비해 상대적으로 관세가 낮은 냉동마늘의 수출확대를 추진해오고 있었다.

(2) 진행과정

한국이 긴급 관세조치를 취한 시점인 1999년도에 마늘 수입량 증가율을 비교해보면 1998년에서 1999년 1월~9월 사이에 신선・냉장 마늘 9%, 냉동마늘 149%, 초산조제마늘은 43%가 증가했음을 알 수 있다. 이러한 상황이 발생하자 1999년 9월 30일 한국의 농협중앙회는 정부에 마늘산업 피해조사를 신청하게 되고, 1999년 10월 11일 무역 위원회가 중국산 수입마늘에 대한 피해조사에 들어갔다. 무역위원회 는 중국산 마늘의 수입증가가 국내가격의 하락에 영향을 미쳤는지를 검토에 들어갔다.

그 결과 평년의 마늘가격지수의 월별 변화주기는 과거 5년간의 가 격지수와 다른 결과를 보였다. 따라서 무역위원회는 동 기간 중 마늘 의 수입증가가 국산마늘의 판매에 영향을 미친 것으로 판단하였고, 이로 인한 농가피해액이 정부 추정 3,500억 원에 이른다는 판정을 내 렸다. 결국 2000년 5월 31일 재정경제부가 중국산 마늘에 대한 긴급 관세부과를 결정한다.

한편 중국은 산둥성 농가의 피해가 커지고 마늘 수출 차질로 인해 서 산둥성 농민 6명이 자살을 하는 등 사회문제로까지 번져나가자, 한국정부에 수출물량을 계속 유지해줄 것을 요구했다. 이에 한국정부 는 마늘 대신 수입참깨, 옥수수 수입 물량을 확대해주는 보상방안을 제시했으나 협상은 결렬되고 만다. 이에 맞서 중국은 2000년 6월 7일 한국의 이러한 조치를 차별적인 보호무역조치라고 간주하고, 보복조 치의 일환으로 자국의 대외무역법 제7조에 근거하여 한국산 휴대전 화와 폴리에틸렌에 대해 잠정 수입 금지조치를 발표해 양국은 본격 적인 분쟁상태로 돌입하게 되었다.

분쟁이 심화되자 양국정부는 2000년 6월 29일 베이징에서 마늘 협 상을 갖고 8월 2일 최종합의서를 발효하게 된다. 합의된 내용은 한국산 휴대폰 및 폴리에틸렌의 수입중단 조치를 해제하는 대신에 한국은 저율관세 30%를 적용한 중국산 냉동마늘 및 초산조제마늘의 수입쿼터를 2만 1백 5톤으로 정했으며, 이에 따라 향후 3년간 MMA[2] 물량과 매년 2만 톤이 저율관세적용물량으로 정해져 2000년 MMA 물량 1만 2천 톤은 통마늘, 건조마늘 등으로 기본관세율 50%로 수입되고, 나머지 2만 톤은 민간에 의하여 냉동 및 초산조제마늘로 30%의 저율관세로 수입하기로 정했다. 따라서 한중 마늘협상 이후 저율관세적용물량은 3만 2천 톤(MMA 12,000톤, 나머지 2만 톤)으로 늘어났고, 민간 수입량을 적용하면 더 많은 물량이 수입되는 결과를 가져왔다.

2) 김치 분쟁 사례

(1) 분쟁의 배경

지난 2005년 중국에서 제조해 한국으로 들여오는 김치에 각종 이물질과 기생충 알이 포함돼 중국산 김치에 대한 검역을 강화한 한국정부의 조치에 대해 중국은 보복적 조치로 한국산 김치와 반찬들에 대해 수입 금지 조치를 내렸다. 이러한 상황 하에서 김치파동은 단순한 식품안전 차원을 넘어 통상 마찰과 외교적 문제로까지 비화될 조짐이 나타나게 된다.

중국산 김치는 한국에 2005년 7만 6천 톤 수출하였고, 2006년에는 2,155만 달러가 수출돼 2008년 137% 증가했다. 2000년 당시에 김치는 한중무역에 있어 연간 약 800억 달러에 달하는 작은 부분에 불과했

---

2) MMA(Minimum Market Access), '최소시장접근'이라고도 하며 수입이 금지되었던 품목에 대해 시장을 개방할 때 일정 기간 최소한의 개방 폭을 규정한 것을 말한다.

다. 사실 김치분쟁의 원인은 양국의 허술한 식품검역체계와 중국의 한국인 영세업자들이 비위생적 환경에서 저급한 상품을 헐값에 생산하고 수출하는 태도 등이 복합적으로 작용한 것에 기인했다.

김치 분쟁이 일어나기 한 해 앞서 2004년 중국산 수입김치가 국내산에 비해 납 함유량이 최대 5배 많다고 발표한 바 있다. 제기한 내용이 사실이라고 해도, 인체에 유해한 수준은 아니어서 언론에 이런 사실을 발표한 식약청이 서둘러 과잉대응을 했다는 지적을 받았다. 국산 김치만 해도 502개 품목이나 되는데 중국산을 포함해 58개 제품의 납 함유량만 조사한 내용을 가지고 모든 김치가 안전하다고 발표했기 때문이다. 그러나 김치문제가 무역분쟁으로 발전하게 된다면 한중 어느 나라에도 득이 되지 않았기 때문에 양국은 문제해결을 위해 적극적으로 노력하였다. 특히 한국의 입장에서는 2000년 마늘파동을 통하여 얻은 경험과 중국 현지에서 불고 있는 한류 열풍, 한국 전통식품의 상징인 김치브랜드에 대한 이미지 손상 등을 고려한 측면이 작용하였다.

(2) 진행과정

한국정부는 지난 2005년 중국산 수입김치 일부에서 기생충 알이 검출된 사실을 발표하였다. 이어 중국산 김치 기생충 알 검출의 파문이 커지면서 국산 김치에 대한 의문으로까지 확대되자, 정부는 기생충 전문학자 2명의 자문을 얻어 국산 김치에 대한 기생충검사를 실시하고 그 결과를 발표하였다. 한국정부는 기생충 알은 시간을 다툴 정도로 인체에 위험을 초래하지 않으며, 더구나 미성숙란만 검출되어 인체 감염 우려가 전혀 없다며 분쟁을 완화하려는 태도를 취했다. 유해성 여부를 충분히 검토하지 않은 채 발표해 엄청난 파장을 불러 일으켰던 것이다.

이에 대한 보복조치로 중국 국가질량감독검사검역총국(질검총국)은 10월 31일 보복 조치의 하나로 한국산 김치를 포함하여 고추장과 불고기 양념장 등의 10개 한국산 제품에 기생충 알이 들어 있다고 주장하면서 관련 제품에 대한 수입금지 조치를 내렸다. 이에 대한 대응으로 한국정부는 그러한 주장의 진위를 밝히기 위해 관련 제품들에 대한 조사를 실시할 것이라고 밝히면서 더 이상 분쟁이 커지지 않도록 고위급 협상을 열어 이 문제를 타결하려고 모색하였다. 이후 한국정부는 한중 간 식품파동을 계기로 양국 간 검역체계의 교류 및 제도화를 서둘러야 한다는 방침을 세웠다. 2005년 11월 16일, 후진타오 중국 국가주석과 노무현 대통령과의 정상회담에서 양 정상은 '김치 분쟁'과 관련해 식품위생 관련 품질검사를 위한 고위급 협의체를 가동하기로 합의하였다. 이로써 양국 관계의 마찰을 야기했던 '김치 분쟁'이 해결의 국면을 맞게 되었다. 결국 한중 김치분쟁이 통상마찰로 변질될 가능성이 높아지면서 양국 간 극심한 갈등이 우려되었으나, 양국의 무역 조건 및 관행이 크게 달라진 만큼 김치분쟁이 더 이상 격화되지는 않았다.

5. 한중 FTA[3) 협상의 주요 쟁점과 전망

1) 한중 FTA의 추진배경과 기대효과

1992년 한중수교 이후 양국의 경제무역은 고속성장을 이어갔다. 1992년 수교 당시 양국 무역액은 64억 달러에 불과했으나 2009년 말에는 1,410억 달러로 22배나 증가했고, 중국이 우리 수출에서 차지하는 비중도 같은 기간 3.5%에서 23.8%로 확대됐다. 한중 양국의 경제무역 협력이 빠른 속도로 발전하고 있으며, 이러한 속도대로라면 올해 2012년까지 무역액 2000억 달러 돌파는 무난할 것으로 보인다. 중국은 한국의 중요한 경제무역 파트너로, 한국의 최대 수출대상국, 최대 수입대상국, 최대 투자대상국으로 부상했다. 따라서 한중 양국의 경제무역 관계를 한층 더 발전시키는 것은 한중 양국은 물론 동아시아 전체에 중요한 의미가 있다고 하겠다.

우리나라는 대외교역을 통해 경제발전을 이루었으며, 특히 우리 총수출의 약 1/4을 차지하는 중국시장에 대한 수출이 중국의 내수확대정책 등에 힘입어 가장 빠른 속도로 회복되고 있다. 2010년 1/4분기의 우리나라 총수출 증가율은 전년 동기대비 36.2%를 기록하였는데

---

3) 자유무역협정(FTA)이란, 당사국 사이의 상품 및 서비스 무역에 관한 관세와 기타 무역장벽의 제거를 목적으로 체결되는 협정 또는 조약이다. 이러한 자유무역협정은 관세동맹 등과 더불어 지역무역 협정의 일종이며, 경제통합의 형태인 동시에 지역주의의 가장 중요한 수단이 된다. 자유무역협정 개념은 지역무역협정의 발전단계에 따른 유형분류에 있어서 가장 기초적인 수준으로, 주로 당사국 사이에 관세의 철폐가 그 핵심이다. 당사국 사이에 관세장벽은 제거되지만, 역외국에 대한 무역정책은 각국이 독자성을 유지함으로써 당사국들의 대외관세는 상이하게 운용된다. 자유무역협정은 당사국 사이의 무역을 저해하는 모든 장벽을 제거하는 것을 원칙으로 한다. 과거에 체결된 자유무역협정의 일반적인 내용은 당사국의 상품 무역에 관한 자유화와 원산지규정, 통관절차 등의 규범들이 주류를 이루고 있었다. 그러나 1990년대 이후 체결된 많은 자유무역협정은 기존의 무역장벽을 철폐하는 이외에도 서비스와 투자는 물론 지적재산권, 경쟁정책, 정부조달 등 경제활동에 관한 다양한 분야의 규정을 포함한다.

중국에 대한 수출은 무려 61.1%나 증가했다. 또한 한중 교역규모의 증대에 따라 한국기업의 對중국 진출 또한 매우 적극적이며, 2002년 이후에는 해외투자 중 對중국의 투자가 1위를 차지하고 있다. 이러한 상황에서, 최근의 세계 통상환경은 자유무역협정(FTA: Free Trade Agreement)을 중심으로 한 지역주의(Regionalism)가 가속화되고 있는 상황이다. 특히, 우리의 대외경제 규모가 국내총생산(GDP)의 70% 이상을 차지하고 있으며, 중국과 일본을 비롯한 주요 경쟁국들이 FTA를 앞 다투어 추진하고 있는 통상 환경 하에서 우리나라가 기존 수출시장을 유지하고 새로운 시장에 진출하기 위해서는 FTA 체결 및 확대에 신중하면서도 적극적으로 주목해야 할 필요가 있다. 또한 최근 들어 급격하게 악화되고 있는 중국진출 기업들의 경영 환경을 타개하기 위한 방편으로도 한중 FTA를 적극 활용 할 수 있을 것이다.

2) 한중 FTA 협상의 주요 쟁점

(1) 양국의 입장

① 중국 측 입장

* 기술 이전의 효과

중국은 FTA 추진에 있어 다각도의 영역에서 중점을 두고 있다. 국가별로는 인접지역과 개도국을 우선하고, 체결 동기에 있어서는 에너지 자원의 확보, 자국 중심의 지역주의 형성과 같은 전략동기가 우선적이며, 기타 해외시장 창출, 국내지역 개발촉진, 산업경쟁력 제고 등

과 같은 경제적 동기들은 부차적인 것으로 간주하고 있다. 중국의
FTA 추진 우선순위에서 한국이 갖는 위치는 에너지 자원 확보, 시장
확대, 對선진국 우회수출 등의 경제적인 측면보다는 자국 중심의 지
역주의 형성을 촉진하려는 전략적 목표가 더욱 두드러진다고 볼 수
있다. 중국과 한국은 경제구조상 상호보완성이 높은 편이고 한국의
기술 수준이 중국에 비해 우세한 편이라 중국은 FTA를 활용해 한국
의 기술 수준을 따라잡을 수 있는 기회로 삼을 수 있다.

또한 양국 간 경제관계가 더 긴밀해져 많은 한국의 기업들이 중국
에 투자할 수 있게 되고 이로 인해 기술이전의 효과를 발생시킬 것으
로 판단하여 중국본토 기업에게도 '학습효과(Learning Effect)'를 가져
다 줄 수 있을 것으로 기대하고 있다.

이는 전보다 경제, 정치적 비용을 적게 들이면서 시장경제로의 제
도 개혁을 효율적이고 안정적으로 이룰 수 있게 한다. 한국과 FTA를
체결하였을 경우 기술차이의 해소를 통한 한국의 발전된 기술을 받
아들여 중국의 산업경쟁력이 강화될 수 있고 또한 다른 선진국에 비
해 한국의 비용이 저렴하기 때문에 한국과의 FTA가 유리하다는 점도
주목할 수 있을 것이다.

* 동아시아 지역 이익공동체 형성 → 협력권 확보

중국은 한중 FTA를 통해 동아시아 지역에서 일본이 우위를 보이는
협력권의 위치에서 보다 유리한 고지를 차지하려는 의도를 가지고
있다. 한중 FTA는 중일관계의 차원, 특히 동아시아 지역의 협력 확보
의 관점에서 중국에게 중요한 의미를 지닌다고 할 수 있다. 일본보다
동아시아에 대한 영향력에서 뒤처져 있던 중국은 최근 국력이 상승

함에 따라 주도권을 둘러싼 경쟁은 한층 더 심화 되고 있다.

　* 미국의 對한국 영향력 견제

　중국은 한중 FTA 체결을 통해 동남아시아에서 미국의 영향을 줄이 겠다는 의도를 가진 것으로 보인다. 2003년부터 중국은 미국을 제치고 한국의 1위 무역 대상국으로 부상했다. 한국은 그동안 미국과 정치, 경제 등 양국 간의 다양한 문제를 한미 FTA를 통해서 경제 부분에 연계관계를 강화시키는 한편 정치, 외교, 안보 등 분야에 대해서도 협력을 증대시켜왔다. 이로 인해 한국과 미국이 아시아 지역경제 협력에서 발언권이 강화되고 중국의 위상은 저하되게 되었다. 그로 인해 중국정부는 한국과의 FTA를 조속히 체결해 낮아진 위상을 되찾으려는 의도를 가지고 있다.

　* 한반도 관리차원

　한중 FTA는 중국의 한반도 관리의 정치, 경제적 비용을 감소시키는 효과를 가질 수 있다는 점에서도 중국의 대 한반도 정책에서 중요한 의미를 지닌다. 예를 들어 한중 FTA 체결로 한국의 對중국 투자가 활성화되면 중국 동북지역에 한국 자본의 진출이 확대될 수 있고, 이는 한·북·중 3국 사이에 경제협력을 촉진시킴으로써 북한경제의 안정에 긍정적 기여를 할 수 있을 것으로 보고 있다.

② 한국 측 입장

* 중국 시장 선점 효과

글로벌 금융위기에도 불구하고 중국경제가 상당기간 고성장을 지속할 것으로 예상되므로 급성장하고 있는 중국시장을 선점하고 새로운 기회를 창출하기 위한 기회로 볼 수 있다. 중국의 평균 수입관세가 9.7%로 상대적으로 높기 때문에 한중 FTA는 일본, 미국 등 경쟁국 대비 한국 제품의 가격경쟁력을 크게 제고시킬 것으로 전망하고 있다.

* 한국 내 제조업 부문의 고용창출에 기여

한중 FTA는 저관세 또는 무관세로 대중국 수출이 가능하게 되므로 한국 제조업체의 중국진출이 활기를 띠게 될 것으로 기대할 수 있다. 반대로 중국에 진출해 있는 한국 기업들 중에 중국진출에 대한 메리트 감소와 중국 내 임금상승 등 경영환경 악화 등으로 자국으로의 회귀현상이 촉진될 경우 국내 제조업 고용창출에도 기여할 수 있을 것으로 예상된다.

* 중소기업들의 중국 진출에 양호한 환경조성

중국 시장은 소비재와 중간재에 있어 한국과의 기술격차가 있어 한국의 생산설비와 기술 등으로 진출할 수 있는 기회가 높아진다.

* 동북아권의 경제·외교 통상 협력 라인의 정착

경제영역 뿐만이 아니라 외교통상에 있어서도 그동안 미국과 일본에 의존해 왔던 협력 라인을 중국의 합류로 인해 다자간 협력 방식으로 분산시킴으로써 동아시아 경제권의 비중이 높아지게 된다. 이는 결국 동북아 및 아시아 전체의 경제협력과 통합을 위한 밑거름이 될 것으로 보인다. 또한 북한과의 교류 협력의 기회도 넓어지게 되어 한반도의 평화 정착에도 긍정적인 영향을 미칠 것으로 전망된다.

(2) 주요 쟁점

중국과 한국은 한미 FTA 체결 이후 자동차, 반도체, 컴퓨터기기, 전자제품, 의류 등은 중국 상품과 경쟁관계인 업종에서 對중국 수입이 감소되고 對한국 농산물 수출도 영향을 받을 것이라는 전망되고 있다. 중국의 많은 농산물이 한국시장에서 강한 비교우위를 나타내고 있다. FTA 체결로 한국이 농업 무역장벽을 낮출 경우 중국 농산물의 수출 우위는 더 커질 것으로 예상된다.

또한 철강 생산기술이 한국에 비해 뒤처져 있는 중국은, 한국으로부터 고급 철강 제품을 대거 수입할 것으로 전망돼 한국이 중국 내 철강 산업을 크게 추격할 것으로 전망되며, 상대적으로 경쟁력이 떨어지는 중국의 자동차 산업과 화학공업 등의 분야에서도 한국의 비교 우위가 예상된다. 반면 농업 및 노동집약형 산업 등은 중국 측이 혜택을 볼 수 있는 산업으로 예측된다 (<표 20> 참조).

〈표 20〉 한중 FTA 협상의 양국 관심 분야

한국의 주요 관심 분야	중국의 주요 관심 분야
• 자동차, 화학, 철강 등 고부가가치 품목의 조기 관세 철폐 • 금융, 운송, 유통 등 서비스시장의 개방 • 투자자 내국인 대우 보장 및 기술이전 의무 부과 금지 • 반덤핑 등 무역 분쟁 협의 • 비관세 장벽 완화 • 지적 재산권 침해 방지	• 농수산물, 섬유, 기계 등 경공업 등 노동집약적 제품에 대한 시장 개방 • 인력 이동, 교육, 서비스, 전문직 서비스 개방 • 반덤핑 등 무역분쟁 협의(대중국 특별 세이프가드 해제) • 동식물 검역절차 및 제도 개선(비관세 장벽)

중국과의 FTA 체결에 있어 주요 쟁점이 되는 부문들은 다음과 같다.[4)]

첫째, 한중 FTA는 한국경제의 향후 수십 년의 성과를 결정짓는 중요한 계기가 될 것으로 예측할 수 있다. 지난 세기 1950년대 이후로 지금까지 60여 년간 한국 경제의 발전사가 미국과의 관계에 의한 것이었다면 미래는 미국과 중국 간의 균형 잡힌 관계 정립에서 해법을 찾아야 할 것이다.

둘째, 한중 FTA로 한국의 농수산업이 입을 피해에 대한 저항이 클 것으로 예상된다. 비록 농수산업의 피해규모가 전체적으로 우리나라가 얻을 이익에 비해 적을 지라도 국민적 저항이 커서 이에 대한 사회적 비용의 손실도 적지 않을 것으로 전망된다.

셋째, 한중 FTA를 성공적으로 마무리하기 위해서는 먼저 양국의 상대적 비교우위 산업에 대한 정확한 분석이 따라야 한다. 한국은 중국의 서비스 산업과 금융업, R&D 등에 관한 정확한 분석과 대응이 수립되어 있어야 한다. 중국의 공산품 유입이 급격히 확대될 경우에 국내 중소기업에 대한 구조조정 압력도 커지게 될 것이다.

---

4) 박번순, "한중 FTA 의의와 주요 쟁점", 삼성경제연구소, 2011.4.

넷째, 한중 FTA가 발효되어 양국의 경제 통합이 활성화되면 경쟁력이 있는 부문은 더욱 성장할 수 있으나, 경쟁력이 낮은 부문은 구조조정에 직면하게 될 것이다. 특히 노동집약적 산업에서 절대적인 비교우위를 보이고 있는 중국 기업들과의 경쟁에서 우리나라의 동종 중소기업들은 구조조정을 피해가기 어려울 것이다. 이러한 측면에서 한중 FTA는 국내 투자를 활성화하는 계기로 작용될 수 있다. 그러나 한중 FTA 자체만으로 국내투자를 진작시키는 것은 어려움이 있으므로 국내 환경에 대한 정부의 지속적인 관심과 개선이 필요하다.

다섯째, 우리나라의 對중국수출의존도는 24% 정도 수준으로 향후 한중 FTA를 통해 더욱 높아지게 될 전망이다. 어느 수준까지가 적정한가는 우리 경제에 향후 중요과제로 등장할 것으로 보인다. 대중국 의존도는 한국수출의 1/3 선을 넘지 않도록 하는 것이 바람직하다는 전망이다. 중국으로부터 경제적 독립성을 유지해 나가며 경제적 공조가 이루어져야 하며 이를 위해서는 미국, 아세안, EU 등 기존의 주요 시장과 체결한 FTA를 잘 활용해나가야 할 것이다.

3) 향후 한중 경제 전망

한중 간의 경제교류는 수교 20년 이래 지속적으로 확대·발전·심화되어 왔으며 현재 양국의 경제 형태는 상호보완적인 산업구조를 가지고 있다. 한중 FTA를 통해 한국기업과 중국기업이 대등한 조건으로 경쟁할 수 있는 여건을 마련한다는 점에서도 매우 중요한 수단이 될 수 있다. 따라서 한중 FTA의 체결은 한국과 중국의 무역과 투자 교류 관계를 심화시키고 산업의 분업화를 향상시키는 역할을 해

양국 모두에게 경제적 이득을 줄 것으로 기대되고 있다. 또한 우리나라는 한미 FTA와 더불어 세계 최대 경제대국들과의 FTA 네트워크를 형성하게 되는 셈이며, 이는 세계화의 추세 속에 한국 경제가 다시 한 번 도약할 수 있는 기회가 될 것이다.

그러나 낙관적인 측면만을 기대할 수는 없다. 우리나라는 한중 FTA 체결로 중간재와 부품 수출이 늘어 단기적으로 무역수지 흑자가 될 수 있으나, 중국의 값싼 완제품이나 농수산물의 수입 또한 크게 늘어 중소기업과 농수산업에 큰 타격이 있을 것으로 전망된다. 또한 기술혁신이나 생산성 증대와 같은 장기적인 효과는 중국에 훨씬 유리할 것으로 예상할 수 있다. 이에 따라 한국은 중국에 대해 기술적인 우위를 유지하고 경쟁력을 제고하기 위해서 노력해야 할 것이다. 또한 중국 현지의 한국기업에 대한 투자보호와 지적 재산권 보호 등에 관한 보다 심층적이고 포괄적인 정책을 수립해 나가야 할 것이다. 무엇보다도 한중 FTA를 양국 경제의 성장 동력으로 활용하기 위해서는 양국이 무역거래 자유화뿐만 아니라 투자 및 서비스 부문에서의 자유화도 포함하는 높은 수준의 포괄적인 FTA가 되도록 노력해야 할 것이다.

● 한중 FTA 체결 후 전망

- 한국은 한중 FTA 발효 이후 개방 정도에 따라서 5년에 0.95~1.25%, 10년에 2.28~3.04%의 실질GDP 증가가 예상되고 있다. 이를 토대로 향후 동북아시아 경제권이 구축될 것으로 예상된다.
- 향후에는 국가대 국가를 초월한 지역별 경제통합이 이루어질 것으로 전망되는데, 동아시아자유무역지대(EAFTA: East Asia FTA)[5]와 동아시아 포괄적 경제파트너십(CEPEA: Comprehensive Economic Partnership in East Asia)[6] 등 아시아 지역을 중심으로 한 경제통합 논의도 함께 논의되고 있다. 이는 중국은 현재 미국이 주도하고 있는 환태평양전략적경제동반자협정(TPP: Trans-Pacific Partnership or Trans-Pacific Strategic Economic Partnership)[7] 확대의 대응책으로 한·중·일 FTA, EAFTA, CEPEA 체결 등을 통해 아시아 경제권을 건설하여 미국의 아시아권 영향력 확대를 견제하려는 의도를 갖고 있는 것으로 볼 수 있다.
- 2012년 3월 한중·일 투자보장협정(BIT)이 타결되어 향후 역내 투자자 유인 보호 장치가 마련됨에 따라 중국에 진출한 우리 기업의 투자 여건이 개선될 것으로 전망된다. 3국은 이미 한·일(2003년), 한·중(1992년), 중·일(1989년)간 BIT를 각각 체결해 놓고 있으나, 기존의 한중 BIT의 투자자유화가 낮은 수준이었기 때문에 이번에 새롭게 체결된 한중·일 BIT로 인해 우리기업의 對中투자가 더 유리해질 것으로 전망하고 있다.

---

5) **EAFTA: ASEAN+3**(한국·중국·일본)

6) **CEPEA: ASEAN+6**(한국·중국·일본·호주·뉴질랜드·인도)

7) **TPP**는 **FTA**와 유사한 성격의 협정으로, 미국·호주·싱가포르·칠레·말레이시아·대만 등이 참여하고 있다.

참고문헌과 읽을거리

高娜维, "한중 FTA 체결의 필요성과 추진방안 - 농업 부문을 중심으로", 명지
　　대학교 경영학대학원, 석사학위논문, 2009.
곽근재·이회강, "한중 FTA 실행가능한가?", 『영상저널』 제2권 제2호, 2010.
김종성, "중국진출기업을 위한 한-중 FTA협상 및 향후전략", 부산대학교 동북
　　아지역혁신대학원, 석사학위논문, 2008.
김한성, "한　중 교역 특성과 힌 - 중 FTA에 대한 시사점", 대외경제징책연구
　　원, 2008.
김한성, "한국 FTA 특혜관세 활용 현황 및 시사점", 오늘의 세계경제, 2009.
김화섭, "중국 제12차 5개년 계획의 평가와 시사점", 산업경제분석, 국제산업
　　협력센터, 2011.
단배배, "중한 FTA 체결이 중국 제조업에 미치는 영양과 대응방안", 배재대학
　　교대학원, 석사학위논문, 2009.
대 륙, "중국 진출 한국기업의 현지화 전략 연구", 우석대학교 경영행정문화대
　　학원, 석사학위논문, 2011.
류명명, "한중 FTA 추진에 따른 경제적 대응 방안에 대한 연구", 강원대학교
　　산업대학원, 석사학위논문, 2009.
李嗜成, "한중 FTA 추진에 관한 연구". 경원대학교 대학원, 석사학위논문, 2010.
박번순 외 3인, "한중 FTA 의의와 주요 쟁점", SERI 경제포커스, 삼성경제연구
　　소, 2011.
박성호·림금속, 『한중통상정책비교』, 대명출판사, 2007.
박종현, "중국진출기업의 현지화 마케팅전략에 관한 연구", 단국대학교 경영
　　대학원, 석사학위논문, 2010.
박형래·박건영, "국제통상분쟁사례론", 두남출판사, 2007.

박혜리 외, "한중 FTA 반덤핑분야:제도 및 예상쟁점", 대외경제정책연구원, 무역투자연구시리즈, 2007.

서갑성·김종성, "중국의 대외무역정책 전개에 따른 한중 무역 활성화방안", 『한국비지니스리뷰』 제1권 제2호, 2008.

손 정, "한중 통상분쟁의 현황과 합리적인 해소방안에 관한 연구", 동아대학교 대학원, 석사학위논문, 2008.

양 협, "중국의 한중 FTA 대응방안에 대한 연구", 전북대학교 대학원, 석사학위논문, 2011.

어명근·리경호, "한중 농산물 교역구조 변화와 산업 내 무역 가능성 분석", 『농촌경제』 제31권 제3호, 한국농촌경제연구원, 2008.

오용석, 『현대중국의 대외경제정책』, 나남출판사, 2004.

요수취, "한중 무역의 문제점과 대응 방안에 관한 연구", 우석대학교, 경영행정문화대학원, 석사학위논문, 2009.

이봉걸, "한중수교 20주년 대중국 수출의 성과와 과제", Trade Focus, 한국무역협회, 2012.

이봉걸, "한중수교 20주년 양국 간 경제교류 협력", 한국무역협회 베이징지부, 2012.

이승영·이건형(2007), "한중 통상분쟁의 해결과 한국의 대응", 仲裁研究 제17권 제3호

이염결, "한중 교역활성화 방안에 관한 연구", 목포대학교 대학원, 석사학위논문, 2007.

이충배·노진호·서윤희, "한중 FTA 경제적 효과와 양국의 FTA 추진전략 비교", 『관세학회지』 제12권 1호, 2011.

이현옥, "한중 무역구조의 변화 및 FTA 체결에 관한 연구", 광주대학교 대학원, 석사학위논문, 2009.

임영모, "韓·中 무역구조의 변화와 시사점", SERI 경제포커스, 삼성경제연구소, 2008.

장 도, "중국진출 한국기업의 직접 투자 전략", 계명대학교 대학원, 석사학위논문, 2011.

전호국, "한중 FTA의 필요성과 추진방안 에 대한 연구", 단국대학교 대학원, 석사학위논문, 2011.

정형곤, "한국의 대중국 및 대일본 산업별 무역수지 동향과 시사점", KIEP 오늘의 세계경제, 대외경제정책연구원, 2008.

진승우, "한중 수교 20주년 경제적 성과 및 시사점", 대외경제국, 기획재정부, 2012.

최명해, "중국 '12·5 규획'의 주요 내용과 시사점", SERI 경제포커스, 삼성경
제연구소, 2010.
형 성, "한국 유통기업의 중국진출전략에 관한 연구", 우석대학교 대학원, 석
사학위논문, 2011.
홍정옥, "한국의 한중 FTA 추진전략에 대한 연구", 숭실대학교 대학원, 석사학
위논문, 2009.

대외경제연구원 (http://www.kiep.go.kr)
산업연구원 (http://www.kiet.re.kr)
삼성경제연구소 (http://www.seri.org)
세계무역기구 (http://www.wto.org)
LG경제연구소 (http://www.lgeri.com)
중국국가통계국 (http://www.stats.gov.cn/)
중국 능원망(中國能源網) (http://www.china5e.com/)
중국대사관(中國大使館)(http://chinaemb.or.kr)
중국망(中國网)(http://www.china.org.cn)
중국 비이두(中國百度) (http://www.baidu.com/)
중국상무부(中國商務部)(http://mofcom.gov.cn)
중국자유무역 홈페이지 (http://fta.mofcom.gov.cn/)
중국전문가포럼 (http://csf.kiep.go.kr/)
중국해관망(中國海關网)(http://www.customs.gov.cn)
한국경제연구원 (http://www.keri.org)
한국과학기술정보연구원 (http://www.kisti.re.kr/)
한국무역협회 (http://www.kita.net/)
한국수출입은행 (http://www.koreaexim.go.kr/)
한국외교통상부 자유무역협정 (http://www.fta.go.kr/)
현대경제연구소 (http://www.hri.co.kr/)

한중관계사와 동북공정

이 강 인[*]

[*] 부산외국어대학교 중국어학부 외래교수

1. 한중수교의 의미

2012년은 한중수교 20주년이 되는 해이다. 그간 한중수교 19년의 역사는 외향적으로 보나 제도적인 차원에서 보나 매우 비약적인 발전을 이룩하였다. 양국 간의 외교 안보 경제 통상 등 모든 분야에서 급속하고도 괄목할 만한 발전을 이룩하였다. 특히 경제·통상 분야는 그간 양국관계의 발전에 가장 주목할 만한 한 성장을 보인 분야이다. 2010년 기준으로 중국은 한국의 제1위 교역 상대국이자 제1위 수출대상국, 제1위 흑자대상국이며, 중국 측의 입장에서 보면 한국은 미국과 일본에 이어 제3대 교역 대상국이다. 이러한 발전에도 불구하고 최근 한중 양측의 정치적 신뢰도는 오히려 크게 떨어지는 현상을 보이고 있다.

2010년에 발생한 서해지역 연평도 사태에서 중국이 보여준 대 한반도 정책성은 한국 내에 큰 반향을 일으켰다. 중국은 자국의 전략적 이익에 기초한 남북한 균형발전을 출발점으로 하면서도 한반도의 안정을 정책의 최우선 순위로 놓고 있다. 북한의 심각한 군사적 도발 행위에도 불구하고 한반도 안정을 최우선시하는 이러한 정책순위는 현상적으로는 북중관계에 더욱 밀착하고 있음을 보여주고 있다.

중장기적 관점에서 중국 측의 입장에서 한중관계를 평가할 때 중국의 대 한국정책은 중국의 정책우선순위 및 세계 인식 시각과 궤를 같이하면서 발전해 왔다. 1980년대 중국이 개혁과 개방정책을 본격화한 이후 이데올로기 중심의 정책에서 경제발전을 우선으로 하는 전략적 전환을 단행하여 한중관계 진전을 위한 긍정적인 분위기가 강화하였다. 동시에 전통적인 지정학적 고려가 여전히 중시되어 북한의 전략적 가치 역시 무시할 수 없는 상황이었다. 하지만 새로이 국제질서에서 이미 G2로 불릴 정도로 성장한 중국의 국제적 위상 역시 미중관계의 재설정 등 새로운 요인들이 작용하고 있다.

중국의 입장에서 볼 때 1970년대에는 북한 중심의 한반도 정책에서 1980년대 북한 정권의 유일 정통성을 인정하면서도 현실적 존재로서 한국을 승인하는 정책, 1990년대 한반도 내 두 개의 정권인정, 2000년대에는 남북한 사이에서 모두 우호관계를 유지하는 정책에서 점차 한국으로 기우는 정책적 상황이 강화되고 있다고 볼 수 있다.

1992년 수교를 맺은 한중관계는 그동안 놀라울 정도로 외향적으로 발전하였지만 그 관계 역시 매우 복잡하게 얽히고 있다. 한중관계에 영향을 미치는 주요 변수들을 중심으로 구조적인 관점에서 바라보면 향후 한중관계는 매우 복잡미묘한 관계일 수밖에 없는 것이다. 한중관계는 비정치적 교류에서 정치적 교류와 협력, 그리고 안보 영역에서 교류와 협력의 단계로 나아가고 있는 중이다. 중국의 변화하는 국가발전전략, 대외위상에 대한 스스로의 인식 등 보다 중장기적이고 구조적인 측면을 고려한다면 한중관계는 비교적 낙관적인 전망에 이를 수 있다. 그러나 한중관계는 보다 복합적인 형태로 나타는 데 우선 한중 양국 사이에는 상호 불신이 깊이 내재되어 있다. 또한 북한 변수의 존재이다. 북한은 한중관계의 악화를 자국의 이익으로 생각하는 행태를 지속적으로 펼칠 것이다. 끝으로 한중 간 역사 및 영해 관할권문제 등 잠재적인 갈등의 요인들이 내재되어 있다. 이러한 문제들을 깊이 있고 신중하게 다루지 않으면 한중관계는 언제든지 폭발할 가능성이 있다.

2. 한중관계 발전사

    역사적으로 한국과 중국은 밀접한 관계를 맺어왔다. 하지만 중국이 공산화되고 이어서 한국전쟁이 발발하면서 동북아지역에서는 냉전이 본격화되기 시작하였다. 특히 한국과 북한은 한국전쟁을 계기로 각기 상대방을 적대국으로 생각하게 되었고, 이러한 남북한의 적대의식은 미소의 냉전체제 하에서 더욱 심화되었다. 특히 한국은 한국전쟁 시 북한에 군대를 파견했던 중국에 대해 북한 이상으로 가상적국으로 상정해서 늘 경계의 대상으로 삼아왔었다. 그러던 중 1992년 8월 한중수교가 이루어지면서 양국 관계는 극적인 전환점을 맞이하게 되었다. 여기서 한중수교가 이루어지면서 양국관계는 극적인 전환점을 맞이하게 되었다.

〈표 1〉 한중 양국의 기존 교류 현황

시기	양국관계	평가	통계	
			교역량	인적교류
1992년 수교 및 문민정부 (1993-1997)	우호협력관계	경제, 통상, 인적교류 등 중심으로 관계발전	63.7억 달러 (92년)	13만 명 (92년)
국민의 정부 (1998-2002)	1998년 김대중 대통령 방중-협력동반자 관계 구축	고위인사 교류확대, 정치, 외교 분야 간 협력 강화 등 보다 포괄적인 관계 발전	411.5억 달러 (02년)	226만 명 (02년)
참여정부 (2003-2007)	2003년 노무현 대통령 방중-전면적 협력 동반자 관계 구축	정치, 외교, 안보, 경제, 통상, 문화 등 제반분야에서의 전면적 실질적 협력 관계로 발전	1,450억 달러 (07년)	585만 명(07년)
이명박 정부 (2008-현재)	2008년 이명박 대통령 방중-전략적 협력 동반자관계구축	한중관계의 고도화 단계	1,884억 달러 (10년)	595만 명(10년)

1970년대 국내외 정세가 변하되면서 한국과 중국의 관계도 일신해지기 시작했다. 한국과 중국은 1970년 말 비공식, 간접교역을 시작으로 1980년대에는 스포츠, 문화, 학술교류 등 비경제분야로 접촉을 확대했다. 한국이 중국과의 관계개선을 추진하게 된 시발점은 한국 노태우 정부의 북방정책이다. 그리고 한중 양국은 서울과 베이징에서 수교문제에 대한 실무회담을 수차례 가졌고 1992년 8월 24일 이상옥 외무부 장관이 베이징을 방문하여 역사적인 한중수교가 체결되었다.

한중수교가 국제정세와 동북아 정세의 변화, 그리고 중국의 개방정책 등과 밀접한 관련이 있었지만 그에 못지않게 중요했던 것은 한국과 중국의 실질적인 인적, 물적 교류의 증가였다.

〈표 2〉 대중 교역규모 추이

단위: 억 달러, %

	1992	2000	2005	2007	2008	2009	2010
수출액	27	185	619	820	914	867	1,168
수입액	37	128	386	630	769	543	716
무역수지	-1.1	57	233	190	145	325	453

한중수교는 한국전쟁 이후 40여 년간 단절되었던 한중관계에 일대 전환점이었다. 한편 한국은 한중수교의 이익과 함께 외교적 손실도 감수해야만 했다. 한국이 중국과 외교관계를 수립함으로써 대만과의 외교관계가 단절되었던 것이다. 남북한은 1991년 유엔에 동시가입이 실현되어 국제적으로 두 개의 한국이 공인되었으나 중국과 대만은 그러지 못했다. 이것은 이후 한국과 중국의 대외정책에 중대한 영향을 미쳤다. 즉 한국은 '하나의 중국'만을 인정하여 대만과 단교함으로써 중국

의 입장과 통일정책을 지지한 데 비해 중국은 '두 개의 한국'을 관철시킴으로써 북한과 남한을 동시에 정치적 실체로 인정하는 이중전략을 통해 남북한 양자관계를 추진하는 것이 가능하게 되었던 것이다.

한중수교 이후 양국에는 여전히 발전에 장애가 되는 요소들이 존재한다. 한중 양국의 정치와 경제체제에 차이가 있다. 중국과 한국은 과거 수십 년에 걸쳐 각각 사회주의 체제와 자본주의 체제에 차이가 있다. 양국이 경제적인 협력을 강화하고는 있지만 내면적으로 상호 체제에 대한 이해 부족으로 갈등도 양산하고 있다.

그리고 특히 양국의 역사인식 문제이다. 비록 한국과 중국이 역사와 문화적으로 유대관계가 있다고 하지만, 양국 간에는 짧은 시간 내에 여러 면에서 관계발전이 이루어졌기 때문에 많은 후유증도 뒤따르고 있다. 이러한 역사인식 문제가 양국 간에 적지 않은 갈등과 문제를 초래하고 있는 것도 사실이다. 특히 중국의 동북공정으로 초래된 양국 간, 국민간의 민족 감정은 대표적인 예이다.

3. 동북공정의 역사적 왜곡현상

1) 중국의 역사관

중국은 기본적으로 다수의 민족이 융합하면서 통일된 국가를 형성해 왔다는 통일적 다민족 국가관을 견지하고 있다. 이 국가관을 뒷받침하는 논리가 바로 '통일적 다민족 국가론'이다. 이 논리에 따르면 현재 중국의 영역 내에 존재했거나 존재하는 모든 민족은 '중국'이라는 역사 공동체를 형성하는 데 일정한 역할을 해 왔다는 것이다. 중국 한족과 55개 소수민족이 오랜 역사과정을 통해 통일적으로 형성된 국가라는 '통일적 다민족 국가론'의 관점에 기반해 역사와 민족을 바라보고 있다. 여기에 최근 중화문명의 유구함과 중화민족의 위대함을 대내외적으로 과시하려는 목적을 내포한 신중화주의 문명사관이 투영되어 있음도 주지해야 한다. 특히 민족개념과 관련해서 중국인 '중화민족'이라는 독특한 개념을 일반화 하고 있다.

'중화민족'이란 다원일체의 틀 속에서 다민족 상호간의 이주와 융합을 거쳐 각 민족이 다른 민족의 문화전통을 받아들여 축적하고 더불어 변강을 개발하고 중국문화를 풍부하게 하고 외침에 공동으로 대적하면서 생겨난 민족 응집력의 결과로 이해되고 있다. 따라서 중화민족은 엄밀히 말해 역사적 실체로 존재 했다기보다는 근대 이후, 특히 현대중국의 현재적 필요성에 의해 만들어진 상상의 공동체로서 형상화된 가공의 중국민족을 의미한다고 볼 수 있다.

중국은 이러한 역사관을 동북지역에 적용하여 기존의 고구려사는 중국사이자 한국사라는 일사양용의 관점을 과거는 현재를 위해 복무해야 한다는 관점으로 재해석함으로써 고구려사를 중국 고구려사로 편입시키고 있는 것이다. 이는 다민족 국가인 중국의 입장에서 민족단결과 사회 안정을 통한 사회주의 체제를 유지하기 위한 전 사회적인 애국주의 교육과도 일맥상통하는 것이다. 개혁개방 이후 일부 소수민족 지구에서 나타나는 분리주의를 서방의 적대 세력이 중국을 서구화 혹은 분화시키기 위해 민족과 종교를 이용하려 한다는 인식을 갖고 있는 중국정부의 입장에서 민족의 단결과 사회 안정의 유지는 사회주의 사업의 승리를 보장하는 기본적인 행위 준칙이 된 것이다.

고구려사에 대한 문제가 불거진 이후 중국의 초급 중학교 역사책에서 한국사 관련 부분이 중화주의적 시각에서 축소되고 누락되었음이 확인된 바 있으며 중국의 대학교 역사 교재도 한국사 관련 부분의 서술에 상당한 변화가 있음이 밝혀졌다. 결국 중국의 한반도 관련 역사 인식은 단순히 이번 고구려사에 대한 역사 인식에만 국한되는 것이 아니라고 볼 수 있다. 이는 중국정부가 의도하든 의도하지 않았든 이미 한국인들의 민족정신에 상처를 주었다. 이제 한국인들은 중국의 중국 고구려사라는 역사적 사실의 찬탈을 앞에 두고 중국에 대한 전반적인 재인식을 시작하였다고 해도 과언이 아니다. 사실 고구려사에 대한 중국의 역사해석은 중국이 추진하고 있는 동북공정이라는 대형 국책 프로젝트의 한 부분에 불과하다. 따라서 고구려사와 관련하여 진행되는 중국 측의 역사인식을 이해하기 위해서는 동북공정에 대한 이해가 선행되어야 하며 일단 고구려사에 대한 역사 해석에서 문제가 발생된 만큼 고구려사에 대한 한중 양국의 인식차를 살펴보는 것이 무엇보다 중요하다. 고구려사를 둘러싼 핵심쟁점들은 다음과 같이 볼 수 있다. 첫 번째는 고구려의 족속기원과 건국과정에 관련된 문제이다. 1990년대 전반기 중국학계는 고구려의 족원을 예맥족으로 보고 중국 동북의 소수민족이라고 주장했다. 그러나 고구려사를 한국사에서 분리하기 위해 고조선이나 부여와 같은 예맥족이 아닌 별개 민족으로 설정할 필요가 생겼다. 중국학계는 고구려의 선인을 중국 전설상의 인물인 고양씨의 후예로 파악하면서 노합하-대릉하 유역의 홍산문화를 전욱 고양씨 집안의 산물이라고 주장한다. 그러나 고구려의 적성총 문화와 홍산 문화 사이에는 약 3000년가량의 연대 차이가 존재한다. 따라서 고구려를 건국한 주민 집단은 중국에서 이주해 온 집단이 아니라 본래 만주와 한반도 지역에서 농경생활을 영위해오던 예맥족의 일원이었다.

두 번째는 고구려와 중국의 조공·책봉관계에 관한 문제이다. 중국학계는 고구려왕이 중원왕조에 조공을 하고 중원왕조로부터 책봉을 받은 사실을 강조하며 이는 고구려왕이 중원 정원의 관리임을 뜻한다고 주장한다. 조공과 책봉은 전근대 동아시아의 외교 형식의 하나라는 것이 전 세계 학계의 일반적인 논리이다. 중국의 논리대로라면 백제, 신라, 왜의 역사도 모두 중국의 역사가 될 것이다.

세 번째는 고구려의 영역과 평양천도 문제를 들 수 있다. 통일적 다민족국가론에 따라 중국을 구성하는 56개 민족의 역사, 현재의 중국 영토 안에서 이루어진 역사를 모두 중국사의 범주로 간주하는 중국학계는 중국, 북한에 나뉘어 있는 고구려사를 해석하는 과정에서 논리적 문제점을 드러냈다. 현재의 북한 영토인 평양천도 후의 고구려는 중국사가 될 수 없기 때문이다. 그래서 과거 중국 영토 안에서 세운 고구려가 지방할거 정권이므로 나중에 평양으로 천도한 이후에도 중국사로 포함시켜야 한다는 논리를 개발해 낸 것이다. 그러나 이러한 논리의 전환은 중국학계의 역사인식의 근본적인 바탕인 통일적 다민족국가론의 논리적 근거를 스스로 폐기하는 것이다. 이는 현재의 정치적 목적을 위하여 과거의 역사를 자의적으로 해석하려 하는 것으로밖에 볼 수 없다.

네 번째는 고구려와 수당간의 70년 전쟁과 관련된 문제이다. 중국학계는 수당과 고구려 간의 전쟁을 국제전이 아닌 내전으로 파악하고 있다. 즉 중국의 고유영토를 회복하기 위한 통일 전쟁이었다는 것이다. 또 수당이 고구려에 대해서는 영토의식, 수복의식, 통일의식이 있었던 반면에 백제, 신라에 대해서는 종번관계만 있었다고 파악하기도 한다. 고구려와 수당과의 전쟁은 각자의 국익을 추구하는 고구려의 대륙 정책과 수당제국의 세계정책이 충돌하면서 빚어낸 동아시아의 국제 전쟁이었다. 고구려는 지속적으로 추진해온 군사적 팽창정책에서 나름대로의 대륙정책을 관철해 나간 것이다.

다섯 번째는 고구려 붕괴 후 유민의 거취문제이다. 중국학계는 고구려 멸망 후 주민 상당수가 중국으로 들어가서 한족으로 흡수되었기에 중국학계는 고구려사를 중국사의 일부로 파악하고 있다. 그러나 고구려 멸망 후 상당수의 고구려인들이 중국으로 흘러들어 갔으나 신라로 내려와 한국사의 흐름 속에 융화되기도 하였다. 중요한 것은 망국민인 그들이 자의적으로 택한 길이 무엇이었는가 하는 것이다. 이 문제는 발해의 고구려 역사계승 문제와도 밀접한 관련이 있다. 중국학계는 발해를 고구려의 계승국으로 보지 않고 말갈국으로 파악한다. 그러나『구당서』라는 중국사서에 발해를 세운 대조영이라는 인물은 고구려의 별종이라는 기록이 있다. 또 발해는 황제를 자칭하였거나 독자적 연호를 사용하고 있었다. 발해는 또 고구려와 비슷한 풍속을 유지했으며, 주거문화 또한 고구려의 것을 계승한 점을 보면 발해는 고구려를 계승한 면이 분명히 존재한다.

마지막으로 고구려와 고려의 역사적 계승성 문제를 들 수 있다. 중국학계는 고주몽이 세운 고구려와 왕건이 세운 고려는 서로 계승관계가 없다고 주장한다. 이는 건국 시기에도 차이가 존재할 뿐 아니라 중국 역사상의 국가인 고구려와 조선 역사상의 국가인 고려는 무관하다는 것이다. 그러나 고려인 스스로가 고구려의 후예를 자처하고 있었으며 중국인들도 그런 인식을 갖고 있었다. 고려가 발해 멸망 후

발해의 유민을 적극적으로 받아준 것도 그들이 고구려의 후예라고
생각했기 때문이다.

<표 3> 한중 양국 간의 고구려사에 관한 인식차

	중국의 주장	한국의 주장
고구려	−고대 중국의 지방정부에 귀속시킴 −조공 및 책봉관계로 이루어진 지방정권 −고구려와 수당의 전쟁은 국내통일전쟁 −고구려 유민의 대부분이 한족으로 편입 −고구려와 고려는 계승관계가 없음	−고대 한국의 독립국가 −조공과 책봉은 고대 국가 간 외교전쟁 −고구려와 수당의 전쟁은 국제전쟁 −고구려 유민의 상당수가 자율적으로 발해와 신라로 편입 −고려인은 고구려의 후예로 인식
발해	−고구려 유민이 아닌 말갈족에 의해 수립 −조공 및 책봉관계로 이루어진 중국의 지방정권 −발해와 고려는 계승관계 없음	−발해는 고구려와 비슷한 풍속유지 −발해는 황제와 독자적인 연호사용 −고려는 발해의 유민을 적극수용

중국의 고구려사에 대한 인식문제는 한국에 적지 않은 파장을 미
치고 있으며 한중 외교당국 간의 구두양해를 일단은 봉합되었지만,
근본적으로 해결되지 않아 언제든지 다시 외교문제로 비화될 가능성
을 지니고 있다. 중국인이 중화사상이라고 부르는 자기우월적 관념이
뿌리 깊이 존재하고 있으며, 이를 보다 영속화하기 위하여 주변국들
의 역사를 자국의 역사에 편입시켜 기정사실화시키는 것이 곧 그들
이 추진하고 있는 동북공정인 것이다. 이 문제는 어느 면에서 보면,
향후 양국관계를 규정하는 데 가장 중요한 변수로 작용할 수도 있을
것이다. 일찍이 한민족은 몽고족과 만주족의 역사를 그들의 역사에
편입시켜 기정사실화 하였으며, 지금 고구려를 그들의 변방으로 각인
시킴으로써 한반도와의 접경지역인 동북지역에 민족분리의 움직임
을 사전에 차단하려고 하는 것이다.

1990년대 중반까지만 해도 중국은 '一史兩用'이라는 입장을 유지했다. 같은 고구려 역사를 두 가지로 사용한다는 뜻으로 서기 427년 평양 천도 이전까지는 중국의 역사이지만, 천도 이후는 한반도 역사라는 인식이었다. 그러나 2002년 2월 중국의 국무원 산하 사회과학원과 랴오닝성, 지린성, 헤이룽장성 등 동북3성이 연합하여 동북공정을 출범시키면서 고구려사 전체가 중국사라는 입장으로 바뀌었다. 중국의 입장을 그대로 받아들인다면 우리 역사는 2000년이 채 되지 않고 지역적으로 한강 이남으로 줄어든다. 기원전 37년부터 서기 668년까지 705년 동안 엄존했던 우리 역사의 뿌리 고구려가 통째로 사라지는 것이다.

고구려사를 탈취하려는 중국의 의도에는 '팍스 시니카'라는 중국의 21세기 원대한 야망이 숨어 있다. 중국 중심의 국제질서이다. 고구려를 중국의 역사에 편입해 동북부 지방 주민의 애국심과 중화사상을 확실히 다져두자는 취지의 동북공정은 팍스 시니카라는 큰 그림의 중요한 한 축이다. 동북공정 및 단대공정과 탐원공정은 중국판 역사바로잡기의 차원을 훨씬 넘어 역사를 파괴하는 반역사적인 큰 작업이다. 그 중에서도 동북공정을 우선적으로 다루는 것은 중국 동북3성에 조선족이 많이 산다는 현실과 한국이 통일되면 조선족의 대규모 중국이탈이 있고 그래서 동북3성의 안정이 위협받을 수도 있음을 걱정하기 때문이다.

2) 동북공정의 추진의도

중국은 동북지역의 중요성을 감안하여 동북지역의 역사와 현실 문제를 해결하기 위한 순수 학술목적으로 동북공정을 추진한다고 주장하였다. 물론 동북공정 그 자체는 연구 프로젝트임에 분명하고 선정 과제의 주제나 연구 참여자들을 볼 때, 중국의 주장이 일리가 없는 것은 아니다. 그러나 중국 당국의 대규모 예산과 인원이 투입된 연구 프로젝트의 내용이 일관된 논리와 방향성을 가지고 있다는 점에서 학술목적 이외에 중국이 동북공정을 추진하는 정치적 의도가 있음을 알 수 있다.

첫째는 국가의 안정적 통합이다. 중국이 동북공정을 추진하는 의도는 국가의 중요 구성요소인 국민과 영토의 통합을 목적으로 한다. 중국 스스로도 동북공정의 목표로 국가통일, 민족단결, 변경안정을 명시하고 있다. 중국의 55개 소수민족은 동북지역을 포함 전 국토의 60% 이상에 해당하는 5개 자치구, 30개 자치주, 124개 자치현, 1,700개 민족향 등에 거주하고 있다. 이들의 기주 지역은 천연지원이 풍부할 뿐만 아니라 국경지역에 위치하고 있기 때문에 이 지역의 통합은 중국에 매우 중요한 과제가 된다. 1990년대 초반 소련 해체의 영향을 받은 신장위구르 지역의 분리, 독립운동을 사전에 차단하기 위해 서북지역에 대한 연구개발을 추진한 적이 있음도 이를 뒷받침한다.

그렇기 때문에 중국은 동북공정에서 통일적 다민족 국가나 중화민족의 논리를 강조하고 있다. 이를 통해 중국역사의 통일성과 민족단결을 통해 국민통합이나 영토통합을 달성하려는 의도와 맞닿아 있다. 중국이 동북지방을 중국 변경지방의 일부이며 동시에 통일적 다민족 국가에서 분할될 수 없는 구성부분임을 강조하고 있는 데서도 알 수 있다. 동북공정의 이러한 의도는 1990년대 이후 중국공산당이 국민통합을 위한 수단으로 애국주의와 민족주의를 강조해 왔던 점과 같은 맥락에 있다. 그동안 중국 공산당은 개혁개방정책을 성공적으로 수행해 왔지만 그와 함께 적지 않은 부작용에 직면해 왔다. 따라서 중국 공산당은 체제의 안정을 유지하는 가운데 지속적인 경제발전을 달성하기 위해서 국민과 국가를 통합할 수 있는 수단으로서 애국주의와 민족주의를 강조해왔으며, 동북공정 역시 그 연장선상에 있다.

둘째는 동북지역 사회의 안정이다. 동북공정의 최우선 과제는 한반도의 정세 변화가 동북 지역 사회 안정에 미칠 영향과 충격에 대한 대비라 할 수 있다. 동북지역의 불안정은 다른 소수민족거주지역의 불안정에 영향을 끼쳐 결국 전 중국의 불안을 야기할 수 있기 때문에 동북공정을 추진하는 직접적인 의도는 동북지역의 안정이다.

중국의 사회과학원이 최초로 동북지역문제에 대한 연구에 관심을 갖게 된 시점도 1차 북한 핵 위기 직후인 1995년 부터였다. 한반도와 중국 동북지역 간의 역사적 관련성을 부정하는 연구방향도 조선족 사회 및 동북지역에 대한 한반도의 영향력을 차단하려는 데에 있다. 한중수교 이후 남한 주민의 활발한 왕래와 선교활동, 고조선, 고구려, 발해 등의 유적답사 등에 따른 조선족 사회의 동요를 막기 위해 동북공정을 추진한다는 중국 측의 논리를 통해 볼 때 이 문제에 대해 중국이 민감하게 반응하고 있음을 알 수 있다. 즉, 중국의 일부 학자는 고구려사와 발해사가 한국사이기 때문에 만주도 한국 땅이라는 남북한의 일부 학자들의 주장이 동북지역의 사회 안정을 저해한다고 인식해 왔다. 특히, 중국은 남한과의 경제교류 확대와 조선족의 한국화 현상이 중국공민으로서 조선족에 대한 정체성 위기를 유발한다고 보고 이에 대한 대응차원에서 동북공정을 추진하였다고 볼 수 있다.

실재로 한국의 재외 동포법안이나 한국에서 있었던 조선족의 국적회복운동이 중국을 자극하였으며, 이에 따라 중국은 2002년 8월부터

조선족의 역사는 소수민족의 역사라는 역사관, 조선족은 다양한 민족 속에서 살고 있다는 민족관, 조선족의 조국은 중국이라는 조국관 등 조선족에 대한 삼관정책을 실시하며 조선족의 정체성 위기를 타개하기 위해 노력하고 있는 것에서도 확인할 수 있다.

여기에 북한의 국제적 고립과 경제난의 영향이 동북지역에 미치는 것을 사전에 차단하려는 의도도 강하게 자리하고 있다. 실제로 1차 북핵 위기 이후 북한이 고난의 행군을 거치는 과정에서 탈북자가 중국으로 대량 유입되어 범법행위자나 불법행위의 대상자로서 중국사회의 치안을 저해하는 경우가 많이 발생했다. 더욱이 탈북자의 망명 시도로 인한 국제사회의 이목이 집중되면서 중국이 민감하게 인식하는 인권문제와도 연계되기도 했으며, 이를 방치할 경우 탈북자와 조선족, 남한 주민 등이 어우러져 동북지역이 한민족의 근거지가 되거나 국제난민의 장이 될 수 있기 때문에 이를 사전에 차단하려는 포석으로 동북공정을 추진한 것이다. 중장기적으로 볼 때 고구려사인식을 통한 역사적 근거는 물론 간도문제 등에 대한 연구내용을 감안할 때 중국의 동북공정은 북한의 급격한 붕괴나 전쟁 상황 혹은 한반도 통일에 대한 대비도 염두에 둔 것이다.

셋째, 동북지역의 개발 토대 마련이다. 중국이 동북공정을 추진하려는 의도에는 동북지역의 경제발전을 위해 안정적 토대를 구축하려는 시도도 있다. 2020년 소강사회의 달성을 목표로 지속가능한 발전과 균형적 발전전략을 강조해 온 후진타오 정부는 동북대개발을 통해 동북지역을 동북아의 중심지로 육성하고자 하는 야심찬 계획을 추진하고 있다. 이를 위해 중국은 동북지역에 한국의 자본과 기술을 유치하는 한편, 북한의 개혁개방을 동북지역의 개발과 연계시키고자 한다.

중국의 동북공정과 동북진흥전략은 간접적이나마 맞물려 있다. 중국이 서부대개발을 추진하면서 서북변방 지역에 대한 연구를 추진했듯이, 동북공정 역시 동북대개발의 일환으로 추진한 것으로 해석된다. 동북공정의 연구과제에도 중국과 러시아 경제관계 등이 포함되어 있으며 그만큼 중국은 동북지역의 개발을 중시하고 있다. 중국이 밝힌 동북공정 추진 이유 중에 하나가 최근 10년간 중요성이 증대하고 있는 동북아의 중심에 동북지역이 위치하고 있다는 점을 들고 있다는 데서도 확인할 수 있다.

3) 동북공정의 현황

(1) 동북공정의 개시와 추진과정

동북공정의 추진주체는 중국사회과학원 산하 중국변강사지연구중심과 헤이룽장성, 지린성, 랴오닝성 등 동북 3성의 사회과학원과 그 산하 변강사지연연구중심 등의 지방기관이다. 현재까지 발간된 연구성과는 그동안 우려했던 대로 중국 측의 동북공정 역사이해방식인 '현재 영토'를 기준으로 과거 역사를 규정하는데서 오는 역사의 왜곡 문제가 발생한다. 다시 말해서 동북공정은 '현재 중국의 영토에서 생활하고 있는 민족과 역사상 현재 영토 내에서 살다가 이제는 이미 사라진 민족 모두가 중화민족을 구성하는 일부분이며, 그들이 역사상 활동하였던 지역과 그들이 세운 정권의 강역은 모두 중국의 역사강역을 구성하는 부분'이라고 보는 데서 출발한다.

한국의 고대사인 고조선, 부여, 고구려, 발해는 물론 잘못하면 고려 등의 한반도 전역의 역사까지 모두 중국사에 속하게 될 가능성에서 자유롭지 못하게 된다. 사실 북한 지역은 영토적으로는 통일신라-고려-조선으로 이어지는 남한의 지리적인 연고권과 대비되는 곳이다. 따라서 고조선-부여-고구려-발해로 이어지는 북한의 지리적인 연고권은 특히 고대사에 있어서는 지리적으로는 중국사에 귀속되는 것이 오히려 합리적이라는 인상마저 불러일으킬 수 있는 것이 바로 동북공정의 역사적, 지리적인 이해라고 할 수 있다.

동북공정 자체가 중국 동북3성 지역이 옛날부터 중국의 영역이었음을 역사적으로 입증하려는 연구 프로젝트이다. 그 목적은 당연히 동북3성의 정치사회적 안정과 통치의 역사적 명분 축적 그리고 중국 소수민족 가운데 하나인 조선족 통제를 통한 중화민족의 유지인 것이다. 그러나 이러한 중국 측의 역사인식에 대한 한국 측의 접근방식을 신중하게 다루어야 할 것이나. 일반석인 극단적인 접근은 한반도를 둘러싼 정치정세의 변화 등등의 논리적인 증거들을 근거로 하고, 보다 실제적인 설득력을 가지고 언론과 국민에게 알리고 분위기를 조성해 나가야 한다.

여하튼 동북공정은 연구프로젝트라는 측면에서 표면상으로는 종결될 듯하지만, 이미 밝혀진 바와 같이 실제적으로는 그렇지 않다. 후속 연구가 지속적으로 진행되고 있다.

중국 중앙정부의 주장대로 표면적으로나마 동북공정이 개별 연구자들의 학술적인 연구 프로젝트라고 한다면 그 결과들이 학술적인 성격을 띠고 있다면 그에 대한 즉각적인 정치 외교적인 대응은 매우 어려운 부분이 있다. 역사와 학술 그리고 정치와 현실의 분리를 주장하는 그들의 논리적 모순을 지적할 수 있는 학술적으로 결정적인 증거를 근거로 중국 간의 학술적인 교류를 진행시키고 관련 논의를 보다 활성화시켜 동일한 공동의 역사인식에 접근할 수 있도록 시도해야 한다.

2004년 한국정부차원에서 공식적으로 중국정부에 항의, 이 해 8월 한중 양국이 구두양해사항에 합의한 바 있다. 이에 따라 중국은 고구려에 대해서 동북지역 소수민족 지방정권이라는 설명을 사용하지 않을 것이며 동북공정을 학술적인 문제에 한정하고 더 이상 역사문제가 한중 양국 간의 현안이 되지 않도록 하겠다고 하였다. 그리고 실제로 신문지상에 거론된 중국 외교부등의 정부 사이트 등의 고구려사 왜곡 사항들이 수정 또는 삭제되는 듯 보였다. 그러나 한중 간 양국의 역사문제는 끝난 것이 아니다. 지방정부 차원의 또는 개인 사립박물관 차원의 역사왜곡은 여전히 상존하고 있다. 동북3성에 분포한 고구려, 부여, 발해 유적지의 표지판 등에는 여전히 직접적인 언급은 하지 않았지만, 문맥상으로 고구려는 소수민족으로 동북지방의 정권이라는 식으로 이해될 수 있게 문장을 구성해 놓고 있다. 중국이 단독으로 발해유적지들을 세계문화유산으로 등재할 것이라는 지적이 고구려발해학회 등을 비롯하여 다양한 학술회의에서 전문가들에 의해 제기되고 있다. 2006년 헤이룽장성 정부의 '상경 용천부 발해 유적지 보호조례'가 제정되었고 2010년 발해 유적지에 대한 보수가 진행되고 있는 실정이다.

특히 고구려사 관련한 역사왜곡사항이 중국 측 역사교과서에 등장한다면 이는 거의 역사전쟁을 예고하는 것이나 다름없는 것이다. 이러한 측면에서 다양한 계기에 특히 학자들 중심으로 중국 측에 사전예방을 위한 교류를 전개해야 한다. 그러나 현재 역사문제를 함께 논의할 수 있는 학계 간 채널은 매우 협소하며 그나마도 여러 가지 여건상 활용되지 못하고 있는 듯하다. 요하 문명론을 포함한 고조선사 문제, 백두산을 포함한 간도문제 등의 창사공정 등 역시 한중 간 역사문제의 잠재적 요소로서 남겨져 있다. 또한 간도문제는 우리 역사 영토와 관련된 매우 중요한 문제로서 간도협약 100주년을 맞이하여 다양한 문제제기가 되고 있다.

동북공정은 중국의 동북지역 개발추진과 밀접한 관계가 있다. 중국의 동북공정은 동북지역의 경제발전을 위해 안정적 토대를 구축하려는 것이다. 중국이 밝힌 동북공정 추진 이유 중에 하나가 동북아의 중심에 동북지역이 위치하고 있다는 점을 들고 있으며, 이를 위해 중국은 동북지역에 한국의 자본과 기술을 유치하는 한편, 북한의 개혁 개방을 추진하면서 서북변방 지역에 대한 연구를 추진했듯이, 동북공성 역시 동북 대개발의 일환 작업으로도 볼 수 있다.

결국 일련의 중국정부의 지속적이면서 확고부동한 추진은 중국의 동북공정이 한반도에 대한 영향력을 확보하고 더 나아가 동북아의 중심국으로서 교두보를 확보하려는 장기적인 의도를 가지고 있다고 파악할 수 있다. 그리고 북한의 붕괴에 따른 변수에 대해 국제법상 북한 지역에 대한 주도권은 미국과 중국이 행사할 수 있는 가능성을 두고 중국이 지속적으로 동북지역에 관심을 두고 있는 것은 사실이다. 중국이 고구려사를 중국사로 편입하면서 한반도 영역까지 중국의 역사적 연고권을 부여한 점에서 볼 때, 동북공정은 향후 한반도 유사시에 개입하려는 사전 포석의 의미가 있다고 할 수 있다. 북한도 이러한 인접국가인 중국의 직·간접적인 간섭에 신경을 곤두세우고 있다. 일찍이 북한은 중국의 동북공정을 한반도 문제에 개입하기 위한 역사적 왜곡작업이라고 비난한 바 있어 동북공정을 민감하게 받아들이고 있는 실정이다.

이러한 동북공정은 역사적 의미뿐만 아니라 동아시아에 끼치게 될 중국의 영향권에 민감하게 반응하게 하고 있다. 이는 한반도에 비상사태가 발생했을 때 중국이 취할 자세와 관련된 것이다. 만일 중국이 한국 주도의 한반도 통일을 염두에 두고 동북공정을 추진하는 것이라면 분명히 방어적 성격을 띠고 있는 것으로 이해 할 수 있다. 하지만 남한에 의한 흡수 통일을 원하지 않고 있는 것으로 판단되는 중국의 입장에서 볼 때 과연 미국 주도의 동북아 질서 재편을 수긍할 수 있을 것인가가 문제가 될 수밖에 없다. 중국은 적어도 한반도 통일 문제에 관해서 친 중국적인 남북통일이 아닐 바에야 중국에 적대적인 통일 한국보다는 미흡하지만 사회주의 정권의 지속을 바라고 있다고 할 수 있다. 따라서 북한이 붕괴하는 경우 중국이 북한에 군대를 파견할 가능성에 대한 우려가 존재한다. 즉, 중국이 개입하기 위해서는 현실적이고 정치적인 계기 이외에 역사적 연고권을 내세우는 것이 행위를 합리화 할 수 있는 유력한 방법이다. 이러한 의미에서 중국의 고구려 역사 인식과 동북공정의 추진은 현실 정치적인 목적과 연관이 있는 것이다. 또 한국인들이 의구심을 접지 못하는 이유는 중국의 항의를 받아들여 한국이 왜곡되었다고 생각하는 고구려 역사를 바로 잡을 준비나 자세가 되어 있느냐의 문제이다. 사실 지구상의 어느 지역보다도 민족주의 정서가 강한 동북아 지역에서 중국이 자신들이 추진하고 있는 과제를 한국의 항의가 있었다고 해서 원래대로 되돌리기는 어려울 것이다. 결국 이러한 중국의 태도는 최근 중국의 경제적 부상과 화평굴기라는 공세적 외교 그리고 방어적 성격을 뛰어넘는 군비증강 및 민족주의적 추세와 더불어 그 의구심이 증폭

되고 있다고 할 수 있다.

소위 동북공정의 성과물이 채 나오기도 전에 한중 간의 역사문제는 매우 다양화되어 다시 새로운 장으로 전개되고 있다. 한중 간의 역사문제는 빙산의 일각과 같이 거대한 몸체를 수면 아래로 숨기고 일부만 수면위에 모습을 나타내고 있다고 볼 수 있다. 동북공정의 배경과 진행과정에서 볼 수 있듯이 중국과의 역사문제를 통한 외교적인 마찰은 결국 학술적인 문제가 아닌 정치적인 문제로 볼 수 있다. 실제로 미중관계 등에서 문제가 되고 있는 신장위구르 문제, 대만 문제, 파룬궁 문제를 비롯하여 새롭게 부상된 남중국해 등 이른바 중국의 핵심이익사항에 해당하는 문제들과 비교할 때 아무것도 아닌 것이라고 여겨질 수 있는 부분이 있음에도 불구하고 역사문제는 놀랍세도 한중 산의 가장 첨예한 정치적인 현안이 되고 있다. 이 때문에 중국으로서는 작은 문제를 이슈화시켜서 큰 손해를 보고 싶지 않다는 식의 모습을 보이고 있다.

역사문제를 이슈화시키심으로써 등장하게 될 간도문제를 비롯한 영토문제와 관련된 동북3성의 분포한 소수민족인 조선족 관련 정책문제 그리고 발전적으로 유지 관리해야 하는 한중관계의 훼손이 더 큰 이유라고 할 수 있다. 나아가 중국의 동북아지역강화 등을 조기에 차단하고자 하는 목적도 있었을 것이다. 바로 여기에 한중 간 역사문제의 해결 방안이 존재하고 있다고 볼 수 있다. 현재 한중수교 20년간 한중관계는 전략적 동반자적 관계로까지 격상되었다. 어느덧 한국도 G2로 부상한 중국과 역사문제 만큼은 대등하게 맞설 수 있을 만큼의 관계설정은 이미 이루어진 것이다. 이러한 시기에 역사문제의 해결을 위해서는 중국과 보폭을 맞추고 그들의 눈높이에서 한중 간 역사문제를 바라보며 문제가 되는 중국의 논리의 모순을 객관적이며 결정적인 근거를 가지고서 지속적으로 설득시키는 한편으로 한국의 말에 경청하게끔 최대한 노력해야 한다. 결국 양국 학계의 공동연구와 다양한 교류를 통하여 장기적인 문제가 바로 한중 간의 역사문제인 것이다.

(2) 한중수교 20주년해의 동북공정 현황

최근 들어 산해관 만리장성이 고구려 성곽을 발판삼아 압록강 어귀까지 연장되었다. 중국 당국은 압록강 너머 북한 신의주 땅을 바라보는 랴오닝성 단둥에 '중국명 만리장성 동단 기점'이라는 한글 표지판을 내걸고 21세기 만리장성을 만든 것이다.

만리장성의 동단 연장 시도는 동북공정과 관련해서 신문지상의 관심을 받게 되었고 현재 이러한 연장 시도는 계속되고 있다. 한중 간의 역사문제는 중국의 개방과 인터넷망의 발달에 따라 혐한 정서와 관련된 형태로 전개되고 있다. 혐한정서는 단지 역사적인 면에서 멈추지 않고 사회적 방면에 걸친 현상으로 나타나고 있다. 한국의 경제

출처 :http://news.kukinews.com/article/view.asp?page=1&gCode=all&arcid=0006133574&code=41131811

력 상승과 한류의 등장으로 한국의 중국에 대한 문화적 영향력 확산에 대한 중국인들의 위기의식 고조가 혐한류 정서로 표출되었고 이것이 중국당국의 경계의식 및 언론 보도에 반응되었을 가능성은 적지 않다.

이러한 한중 간의 갈등은 표면적으로 전면적으로 돌출되지 않고 있지만 내부적으로는 상당히 깊어가고 있는 것은 사실이다. 이러한 보이지 않는 갈등 속에서 시간이 흘러 어느덧 한중수교 20년을 맞았다. 그러나 한중 간의 미묘한 갈등의 장을 갖고 있는 역사왜곡상황에서 한중수교 20주년을 맞는 2012년에 중국 정부는 중국의 만리장성의 길이를 발표하였다. 이는 기존의 중국정부가 발표하고 학계에서 인정하고 있는 길이와 장소를 훨씬 이탈하는 광범위한 지역으로까지 확대하여 발표한 것이다.

2009년 중국 국가문물국과 국가측량국은 명나라 때 쌓거나 보수한 장성을 기준으로 만리장성의 길이가 종전에 알려진 6,300km보다 2,500km 이상 긴 8851.8km라는 측량 결과를 발표한 바 있다. 당시 중국 정부

지도 출처: 동아일보, 2012.6.7.
http://news.donga.com/3/all/20120607/46816671/1

는 만리장성의 동쪽 기점을 랴오닝성 단둥(丹東) 시 북쪽 후산(虎山) 산에 있는 보어주어(泊灼)성(고구려 유적지인 박작성)이라고 발표해 당시 한국 학계 등에서 지나치게 늘렸다는 비판을 받았다. 박작성은 3세기경 축조된 것으로 추정되는 고구려 성이다. 만리장성의 동단은 베이징 인근의 허베이성(河北省) 산해관(山海關)이라는 것이 정설이다.

주변국의 반대를 예상하였을 법하지만 이를 무시하는 태도를 보여주는 한 대목으로 해석할 수 있다. 이번 사태를 바라보면 중국정부의 동북공정에 대한 태도를 여실히 보여주는 사건임에 분명하다. 중국정부는 공식적으로 동북공정을 종결하였다고 하지만 지속적으로 연구단체에 연구비를 지원하면서 자신들의 요구를 학술적으로 정당화시키는 작업을 계속해왔던 것으로 파악할 수 있다.

다음의 자료를 살펴보면 중국정부는 2004년에 동북공정을 정부차원에서 정리하였음을 공식화하는 듯하지만 지속적으로 산하단체에 지원을 하고 있음을 알 수 있으며, 2006년에는 중국 CCTV를 통하여 백두산을 자신의 영토로 보고 다큐멘터리를 제작방영하고 발해사를 왜곡하는 등 자국 영토 안의 역사를 자신의 역사로 인정하는 작업을 공개적으로 확대해 왔다. 그리고 결국에는 한중수교 20주년을 맞는 올해에는 만리장성의 길이를 왜곡 발표하는 사태까지 만들고 있는 것이다.

중국의 동북공정 주요 일지

1983년	1988년 6월	1998년 9월	2000년
중국 사회과학원 산하에 변강사지 연구중심 설립	중국 지린성 퉁화 사범대 고구려연구소 '고구려 학술토론회' 개최. 이후 중국 지도자들이 잇따라 중국 고구려사 연구 추진 지시	'조선반도(한반도)의 형세 변화가 동북 지역 안정에 가하는 충격 보고서:향후 추진할 연구항목으로 기자조선, 위만조선, 고구려, 발해 등의 역사 귀속문제를 제시	후진타오 당시 국가부주석:중국 사회과학원의 동북공정 연구계획 비준 승인

2002년 2월	2004년 8월	2006년 9월	2006년 10월
사회과학원 변강사지 연구중심과 랴오닝 지린 헤이룽장 등 동북3성 공동으로 동북공정 출범	한·중정부: 고구려사 문제를 정치쟁점화 하지 않고 학술연구에 말기기로 구두합의	변강사지연구중심 홈페이지: 19개 연구주제 요약문 공개로 동북공정 다시 쟁점화	후진타오 주석:베이징 한중 정상회담에서 고구려사를 학술적으로 해결키로 한 2004년 합의 준수 약속

2007년 1월	2007년 4월	2011년 11,12월	2012년 6월
동북공정 107개 연구과제 중 56개가 한국 관련 부분으로 밝혀짐	노무현 대통령-원자바오 총리:동북공정을 비롯한 한중간 고대사 문제가 양국 관계발전에 걸림돌이 되지 않도록 노력키로 합의	중국 관영 CCTV: 6부작 다큐멘터리 '창바이산(백두산)'에서 발해를 당나라 군정기구이자 지방정권이었다고 주장	중국 국가문물국:2007년부터 진행한 고고학 조사 결과 역대 만리장성의 총 길이가 2만1196.18km라고 발표

출처:http://news.kukinews.com/article/view.asp?page=1&qCode=all&arcid=0006131714&code=11142200

만리장성의 길이는 동북3성으로 확대될 뿐만 아니라 이는 암시적으로 북한을 염두에 두고 있음을 보여주고 있다. 또한 가옥관에서 신장위구르 자치구까지 확대시켜서 소수민족사를 한족사로 포함시키고 소수민족을 한족화 하려는 의도도 숨겨져 있음을 여실히 보여주고 있다. 이는 중국의 영토 확장과 한족화라는 중화주의확대와 연관성 있다.

또한 중국의 또 다른 동북공정으로 불릴 수 있는 움직임이 일어나고 있는데, 바로 한국의 '아리랑'을 중국의 무형문화재로 인정하고 이를 유네스코에 등재하고자 하는 것이다. 이는 자국의 영토 내에 있는 소수민족사와 유물을 중화민족문물로 복속시키고자 하는 중국정부의 강한 의지가 담겨져 있다. 한국의 문화재청이 유네스코에 인류 무형문화유산으로 신청했던 '정선아리랑'을 다른 아리랑까지 포함해 '아리랑'이라는 이름으로 신청하고자 하는 움직임에 민감하게 반응하는 형태이다. 이는 주변국의 역사와 전통문물을 고려하지 않는 중국정부의 실질적인 정치적 의도를 파악할 수 있는 처치로 볼 수 있다. 중국은 2011년 6월에 연변지역의 조선족문화인 아리랑, 가야금, 씨름 등을 중국의 국가무형문화유산으로 등재시키고 발표한 바가 있다. 이 역시 한국과 문화유형이 겹치는 현상으로 한국의 문화를 자국의 문화로 유입시킴으로써 한국고대사를 왜곡시키고 향후 한반도 정세 변화에 따른 상황적 대응책의 사전포석으로 해석된다. 또한 한국과 북한을 핸들링함으로써 중국의 유리한 측면을 이끌기에 충분한 전략이라고 풀이된다. 따라서 한국정부는 북한과의 민간적 교류와 협력관계를 지속적으로 추진 유지해야 할 것이다.

4. 한중수교 20년의 미래적 전망

21세기의 한중관계는 서방세계로서는 자신들과 중국의 관계에 대한 시금석으로서 한중관계를 위치 짓고 주의 깊게 관찰하고 있다. 중국을 어떻게 평가하는 가에 따라서 서방세계의 중국에 대한 태도는 크게 변화할 수 있다. 중국 위협론에 최전선에서 중국과 다양한 교섭을 하고

있는 한국의 국제적 신인도를 가지고서 한중 간 역사문제에 접근한다
면 어느 정도 여유로움을 가지면서도 장기적인 안목에서 한중 간 역사
문제논쟁을 준비할 수 있다고 여겨진다. 그러기 위해서 우리 역사의
해외 홍보작업은 무엇보다도 중요한 작업이라고 할 수 있다.

한중 간의 역사문제는 한반도의 평화와 안정, 동북3성의 조선족 문
제, 간도문제 등과 관련하여 중국에게 있어서도 한 치도 양보할 수
없는 핵심사상이다. 한중 간의 역사문제는 장기적인 안목에서 미래지
향적으로 천천히 한국 입장에 필요한 역사적 증거들을 축적하고 체
계화해 나가야 할 것이다. 그러면 한국의 민족사는 중국의 어떤 역사
적 도전에도 당당히 맞설 수 있을 것이다.

한중관계는 천안함 사태와 같은 예기치 않은 사건, 한중 간 상호접
촉과 대응과정에 의해서도 당연히 영향을 받을 것이다. 그러나 보다
중요하고 중장기적인 요인은 구조적인 부분에서 찾을 수 있으며 그
전망은 긍정적이다. 경제적 상호 의존성이나 세계화의 추세 속에서
한중은 비서방국가로서의 정체성 등을 공유하면서 협력의 영역이 넓
다. 단기적으로는 북한문제, 역사문제, 영해관할권 문제 등으로 야기
되는 도전 요인들을 극복하면서 위기관리체제를 수립하는 것이 중요
하다. 민족주의적 감성으로부터 정책 결정이 좌지우지 되는 것 역시
피해야 할 일이다. 이 과정에서 상호 정치적 신뢰를 축적하고 공통이
익의 영역을 확대해 나가는 노력이 필요하다.

동북아 국제관계는 현재 미중간의 전략적 협력과 한미 및 미일동맹
에 기초하여 중국을 견제하려는 군사안보 위주의 냉전구도가 혼재된
상황이다. 협력과 갈등이 공존하지만 결국은 큰 틀에서는 다차원적으
로 상호 양자적 협력관계를 강화해 나가는 방향으로 발전시켜 나가는

노력이 필요하다. 중국은 현재 세계적인 강국은 아니지만 지역 강국으로서 전략적으로 미국과는 협력을 주요기조로 하면서 지역 경쟁국인 일본은 일정정도 견제하고 한국은 우호적으로 견인하려는 정책을 취하고 있다. 동북아 안보구조가 신 냉전체제로 회귀하는 것은 중국이 결코 원하지 않는 결과이다. 따라서 다행인 것은 중국의 입장에서는 한중 간에 남아 있는 깊은 불신과 행태적인 오류에도 불구하고 구조적으로 한국과의 관계를 강화해야 할 동기가 강하다. 이는 한국에게 당분간 전략적으로 시간적 공간적 여유를 제공하고 있다.

한중관계의 미래적 발전은 양국의 쌍방향의 문화적 교류가 이루어져야 한다. 이러한 문화적 교류의 활성화를 위해서는 우선적으로 양국 간의 역사적 인식의 공통분모를 확인하는 절차가 선행되어야 한다. 문화적 교류에는 인적·물적 교류가 이루어지겠지만, 우선적으로 인문학적인 면에서 인적교류의 활성화가 활발해져야 한다.

역사적 재인식의 과정은 먼 시간의 이야기가 아니며, 현재의 시간에서 하나씩 해결해나간다면 양국의 쌍방향의 문화교류는 활성화가 이루어질 것이다.

현재 양국 간 문화, 인적 교류는 매우 양호한 추세를 보이고 있다. 양국 간 연간 상호 방문자 수가 650만 명에 달하고, 중국내에는 장기거주 한국인이 약 65만 명이 되며, 한국 내에는 장기거주 중국인 수가 61만 명이나 달한다. 최근에는 SNS 등 뉴미디어를 통한 양국민간 직접적인 소통도 증가하고 있다.

또한 양국에서 한류와 한풍이 지속적으로 확산되고 있다. 중국어와 중국문화를 소개하는 공자학원이 한국에서 잘 정착하고 있고, 중국 내에는 한국 드라마, K-pop 등 한류의 열기가 매우 뜨거운 상태이

다. 그리고 상하이에서는 한국문화원이 개설하는 한국어, 한식, 태권
도 등 한국 언어·문화 관련 강좌에 대한 중국인들의 참여 열기가 높
아지고 있다. 이처럼 서로의 언어, 문화에 대한 관심은 세계 어느 나
라에서도 그 유례를 찾기 힘들 정도로 높아지고 있는 실정이다.

　정부와 기업의 상대국 국민에 다가가는 노력도 강화되고 있다. 한
국 외교부가 추진하고 있는 '지란지교'사업은 한국 외교부가 주한중
국대사관과 협조하여, 한국에서 유학 중인 중국인 대학생으로 하여금
약 3개월간 한국 취약계층 초·중학생들을 대상으로 무료로 중국어
를 가르치게 하는 사업이다.

　'기업의 사회적 책임활동' 지원사업은 중국에서 활동하는 한국기업
이 재능기부, 봉사 등 다양한 사회적 책임활동을 통해 중국에서 해당기
업과 한국의 이미지를 제고하는 사업이다. 중국내에노 많은 한국기업
들이 활동하고 있는데, 사회적 책임 활동을 통해 중국사회에 적극 기여
하고, 중국인들의 한국에 대한 우호적 감정도 점차 고양되고 있다.

　그 밖에 양국 간 비자면제협정, 영사협정과 같이 양국민간 교류를
더욱 촉진할 수 있는 제도적인 틀을 구축해 나가야 할 것이다.

　한편으로는 양국민간 교류가 증대됨에 따라, 일부 인터넷과 언론
등에서 양국민간 부정적 정서가 표출되는 사례가 증가하고 있다. 이
러한 것이 확산되면 양국관계에도 영향을 줄 수 있기 때문에 적극적
으로 대처해 나갈 필요가 있다. 양 국민 모두 높은 애국적 정서를 갖
고 있는 점은 긍정적으로 볼 수 있지만, 과도하게 민족적 감정에 치
우치지 않고 동북아 시대를 함께 만들어 나가는 이웃이라는 인식이
확산될 수 있도록 적극 노력해 나가야 할 것이다. 이를 위해 양국 인
터넷 포털사이트, 언론 간 교류를 확대해 나가야 할 것이다.

강준영, "중국의 고구려사 인식이 한중관계에 미치는 영향", 『중국연구』 제36호, 2005.12.

고구려연구재단 편, "중국의 동북 변강 연구 동향 분석", 서울, 고구려연구재단, 2004.

고구려연구회, 『동북공정과 한국학계의 대응논리 : 중화인민공화국의 동북공정을 반박하는 한국 역사학계 21명의 반론』, 여유당, 2008.

공봉진, "동아시아 역사 왜곡의 해결방안 모색," 『국제지역논총』 Vol.2 No.1, 부경대학교 국제지역연구소, 2005.

공봉진, 『이슈로 풀어본 중국의 어제와 오늘』, 한국학술정보(주), 2009.

공봉진, "중국의 동북공정, 단대공정, 탐원공정에 관한 소고," 『국제지역통상연구』 Vol.1, 국제지역통상학회, 2004.

공봉진, 『중국민족의 이해와 재해석』, 한국학술정보(주), 2010.

공봉진, 『중국지역연구와 현대중국의 이해』, 오름, 2007.10.

김경호 외 3명, 『하상주단대공정: 중국 고대문명 연구의 허와 실』, 동북아역사재단, 2008.

김승일, "동북공정 이후 중국 학계의 한국사 연구동향," 『한국 근현대사 연구』 Vol.55, 한국근현대사학회, 2010.

김태완, "국제정치 시각으로 본 중국의 동북공정," 『국제관계연구』 Vol.13 No.1·2, 고려대학교 일민국제관계연구원, 2008.

우실하, 『동북공정 너머 요하문명론』, 소나무, 2007.

우실하, 『동북공정의 선행 작업들과 중국의 국가 전략』, 울력, 2004.

윤휘탁, "중국의 애국주의와 역사교육", 『중국사연구』, 제18집, 2002.

이희옥, "중국의 대북한 정책변화의 함의: 동북 4성론 논란을 포함하여", 『현대중국연구』 제8집 1호, 2006.

전병곤, “중국의 동북공정과 우리의 대응책”, 서울,『통일 연구원』, 2005.

전병곤, “중국 동북공정의 정치적 함의”,『중국연구』 제38호, 2006,12

정재서, “오래된 미래, 동아시아 문화공동체를 향하여”,『중국어문학지』 제37집.

정천구, “한중관계의 쟁점 분석”,『중국학』, 2005.12.

조정남·나영주,『동북공정의 해부』, 한국학술정보, 2011.

지병근, “동북아 공동체 형성의 인식론적 장애요인: 한국에서의 반일 반중의
　　　식”,『한국과 국제정치』 제24권 제3호, 2008.

최광식, “‘東北工程’의 배경과 내용 및 대응방안,”『韓國古代史硏究』 Vol.33, 한국
　　　고대사학회, 2004.

하도겸, “한중 간 역사문제의 현황과 대응방안”,『중국사연구』 제73호, 2011.8.

한국우리민족사연구회,『동북공정 알아야 대응한다: 우리 강역 변천사』, 백암, 2006.

한국우리민족사연구회,『동북공정과 고대사 왜곡의 대응방안』, 백암, 2006.

제6장

한중 문화교류의 현황과 특징

오 혜 정[*]

[*] 부산외국어대학교 중국어학부 외래교수

1. 들어가는 말

2012년 8월은 한중 수교 20주년을 맞는 해로 1992년 한중수교를 맺은 이후 오늘날까지 한중간 활발한 교류를 통해 정치, 경제, 문화, 역사, 정치 등 사회 여러 방면에서 다양한 변화를 가져왔다.

한중 문화교류는 초기에는 정부간 협정에 의해 적극적으로 추진되었었다. 1994년 3월 한국 대통령이 중국을 방문했을때 양국 정부가 체결한 <대한민국 정부와 중화인민공화국 정국 간 문화협력에 관한 협정>을 기점으로 교육, 문화, 과학, 예술, 방송, 영화 등 각 분야의 교류가 활발히 진행되기 시작하였고, 특히 중국 내 한류에 대한 열기가 높아지기 시작하면서 양국 간의 문화적인 교류는 더욱더 빠른 속도로 발전되어 갔다.

중국내 한류의 바람이 불기 시작한 것은 시대적인 배경과도 맞물려 있다. 중국의 개혁개방정책으로 인한 경제적인 변화는 중국인들의 삶 자체에 대한 여유를 가져왔으며, 예전보다 풍요로운 생활과 넉넉해진 여가시간은 소비생활에도 큰 영향을 미치게 되었다. 드라마 <대장금>이 방영되면서 관련 관광 상품이 판매되기 시작하였고, 이것을 기점으로 하여 다양한 방면에서 중국인들의 한국에 대한 관심 및 교류가 활발해졌다.

한중수교 20주년을 맞아 양국 정부는 올해를 '한중교류의 해'로 정하고 다양한 문화행사를 진행하고 있다. 드라마, 영화, 공연예술, 음악 등의 영역을 중심으로 한 교류현황을 살펴보고, 앞으로도 양국가 간의 문화적 측면에서의 더욱더 활발한 교류를 기대해 본다.

2. 한류

    중국은 1979년 개혁개방 정책 이후 급격한 변화를 겪고 있다. 이러한 변화는 경제적인 측면 뿐만 아니라 문화적인 측면에서도 일어나고 있다. 최근 중국 커뮤니케이션 학계에서도 한류가 중국사회에 미친 영향에 대한 연구에 관심을 가지기 시작하였는데, 이와 같은 변화는 중국의 전반적인 사회변화 및 WTO 가입 이후 시장개방의 범위가 확대됨에 따라 외래문화 자본 문화상품이 대량으로 유통되는 사회 분위기 변화에서 기인한 것 같다. 방송드라마, 대중음악에서부터 비롯된 이와 같은 '한류' 열풍은 단순히 대중문화적인 차원을 넘어 이제는 한국어, 음식, 패션, 관광 등 한국인의 생활양식과 관습을 적극적이며 능동적으로 수용하려는 단계로까지 장르가 확산되어 가고 있다.

    한류란 중국, 일본, 대만, 베트남 등 아시아 지역에서 한국의 가요, 드라마, 영화 등 대중문화가 인기를 끌고 있는 사회, 문화적 현상이라 정의 할 수 있다.

    한국의 대중문화를 단순히 한 지역, 한 국가의 문화로 인식하는 것에서 탈피하여 아시아 지역의 문화교류라는 소통 행위에 있어 한국의 대중문화가 적극적이면서도 능동적인 문화 생산자로 세계 속의 지역이라 볼 수 있는 아시아권 내에서 수용되는 한국대중문화의 확산현상을 의미하기도 한다.

    중국에서 한류라는 말은 1999년 중국 『베이징청년보(北京青年报)』에서 가장 먼저 사용한 단어로 <사랑이 뭐길래(爱情是什么)>라는 드라마가 중국 CCTV의 채널 1을 통해 방영된 이후부터 중국 시청자들의 본격적인 관심을 끌기 시작하였다. 2002년에는 중국 신조어 사전

에 수록되면서 고유명사처럼 사용되었고, 드라마 방영으로 조성된 한
국에 대한 관심이 HOT의 음반 발매와 더불어 한국 대중문화에 대한
관심으로 확대되어 갔다.

이처럼 중국은 한류라는 용어가 처음 생겨난 발원지라 할 수 있으
며 한류의 시작은 한국의 대중음악이나 인기스타에 열광하는 것에
머무르지 않고 한국어, 음식, 패션, 화장품, 공연 등 한국의 문화요소
전반에 대한 호감으로 발전하였다.

중국에서 이해되고 있는 한류의 개념은 연령층에 따라 서로 다른
것으로 파악된다. 문화콘텐츠진흥원이 베이징에 거주하는 중국인을
대상으로 한류에 대한 인식을 조사한 결과에 따르면, 10대는 한류가
한국문화에서 파생된 것으로 여기고 특히 한국음악을 듣고 즐기며
한국 가수를 모방, 열광하는 행위로 인식하고 있다. 20대의 경우는 한
류를 한국의 다양한 문화가 중국에 보급되는 현상으로 한국음악을
한류의 중심으로 여기는 10대와는 달리 더욱 포괄적인 범주에서 한
류를 받아들이고 또 이해하고 있는 것으로 나타났다. 반면 30대의 경
우 한류가 중국의 문화적인 측면의 발전을 자극하는 계기가 될 수는
있으나 일시적인 유행에 지나지 않는다고 여기는 것으로 조사되었다.

<표 1> 중국인의 연령별 한류인식

구분	한류의 정의	핵심단어
10대	HOT에 열광하고 이들을 모방하는 것	모방, 유행, 한국음악
20대	한국문화를 포함한 한국기업과 전통문화가 보급되는 현상	한국문화, 정신적인 영향력
30대	중국 10대들에게 영향력을 미치는 한국의 영향	10대의 전유물, 일시적인 사회현상

〈표 2〉 한류를 일으킨 드라마

연도	드라마	영향 및 특징
1991년	사랑이 뭐길래	한국최초의 한류드라마
1997년	별은 내가슴에	안재욱의 신드롬적인 인기로 안재욱을 최고의 한류스타로 만들어줌
1999년	토마토	중국에서 김희선을 최고의 한류 여스타로 등극하게 됨
2000년	이브의 모든것	중국, 동남아에 수출되어 채림을 중화권 최고의 스타로 만들어줌
	가을동화	한국에서 40%에 미치는 시청률을 기록하며 중국·동남아로 수출되어 송승헌, 원빈, 송혜교를 최고의 중국권 스타로 만들어줌
2001년	아름다운 날들	일본에 수출된 후 이병헌과 류시원을 최고의 한류스타로 만듬
2002년	겨울연가	배용준이 최고의 한류스타로 등극되면서, 관광산업에도 기여함
2003년	대장금	중국, 일본, 대만 등 아시아 전역에 수출되어 우리나라 전통의 멋을 세계에 널리 알린 작품으로 경제가치가 무려 3조원에 이른 작품

● 한류를 일으키는 새바람: 패션한류

중국 상하이 푸동(浦東) 중심가에 있는 바바이반(八佰伴) 백화점.
이 백화점은 중국 내 백화점 중 매출 3위를 기록할 정도로 유명한 곳이다. 익숙한 국내 브랜드인 ENC, 스코필드, 로엠, 에블린, 빈폴 등 바바이반 백화점의 명당자리를 꿰차고 있었다. 이랜드 중국법인인 이랜드차이나의 박상균 부장은 "바바이반 백화점은 연 매출 8,000억 원가량의 대형 백화점에 한국 브랜드가 입점했다는 것은 그만큼 중국 전역에서 우리 브랜드의 인기가 높다는 것을 의미한다"라고 말했다.

◆ '한국 패션의 힘' 중국을 휩쓸다
한국 패션 브랜드는 중국 시장에서의 고공 성장을 하며 루이비통·샤넬 등 글로벌 명품 브랜드와 어깨를 나란하고 있다. 국내 백화점에서는 일부 대기업 브랜드를 제외하면 외국 '명품'에 밀리지만 중국에서는 사정이 다르다. 특히 한국 내수 시장에 머물러 성장의 한계에 부딪히고 있다는 지적은 패션에서만큼은 이미 구문(舊文)이 된 지 오래이다.
중국에서 한국 패션을 이야기할 때 이랜드를 빼놓을 수 없다. 바바이반 백화점에 입점해 있는 이랜드 브랜드의 매장은 무려 15개. 특히 3층 여

성복 코너에는 ENC, 스코필드, 스캣, 로엠, 프리치, 티니위니, 에블린 등 7개의 브랜드가 입점해 있을 정도로 영향력이 높다.

박상균 부장은 "바바이반 백화점에서 이랜드는 1개 브랜드당 평균 17억~20억 원의 매출을 기록하며 그야말로 중국 시장에서 이랜드의 저력을 보여준다"면서 "올 하반기에 명품 브랜드군인 만나리나덕, 코치넬리, 케이트 스페이드 등의 입점도 예정돼 있어 전 상품군에 대한 공격적인 영업을 전개할 예정"이라고 말했다.

이랜드 브랜드 이외에도 이 백화점에는 제일모직의 빈폴, LG패션 헤지스, 코오롱의 쿠아, 올리브데올리브, 쿠아, 베이직하우스 등 국내 브랜드가 다양하게 입점해 있다. 그야말로 '한국 패션의 힘'을 확인할 수 있다. SK네트웍스 역시 패션업체 한섬의 의류 브랜드 마인, 시스템, SJ 등의 중국 내 독점 판매를 확보하고, 본격적인 중국 시장 공략에 나서고 있다.

3. 드라마산업과 TV드라마 교류

1) 중국 드라마 산업

최근 중국 방송영상 시장의 규모는 지속적으로 확대되고 있으며 중국 제작업체들의 자체 생산 능력이 향상되고 중국정부의 방송영상 콘텐츠 산업 육성과 보호를 위한 다양한 규제정책으로 인해 중국드라마 시장은 갈수록 많은 발전을 거듭하고 있다.

중국의 방송산업 현황은 TV시청가구가 3억 4천만에 달하며 수천 개의 텔레비전 채널과 방송사를 통해 있으며 매년 100만 시간 이상의 프로그램이 방송되고 있다. TV 드라마는 내용 전개와 방영 시간이 영화보다 훨씬 탄력성이 있어 1~2집이나 몇 10집, 심지어 100집 이상까지 만들어 방영할 수 있으며 극장까지 갈 필요 없이 집안에서 볼 수 있기 때문에 매우 편리하다.

중국은 국산 영화 외에도 문화교류를 통하여 계획적으로 대량의 외국영화와 TV 드라마를 도입하여 더빙하였다. 특히 우리나라의 드라마 중에서도 <사랑이 뭐길래>, <별은 내 가슴에>, <가을동화>, <여름연가>, <대장금> 등이 중국에서 가장 인기를 끈 드라마였다.

<표 3> 중국텔레비전의 역사

연도	특징 및 현황
1958년~1966년 (초창기)	−8년 동안 베이징TV에 방송된 드라마는 87편에 불과함 −영웅적인 인물을 찬양하는 것에 편중되어 있어 소재의 폭이 좁으며 수준도 매우 낮음
1978년~1983년 (회복기)	−드라마부문에서 비교적 큰 발전을 이룩한 시기 종류와 형식, 예술성 면에서 ㅗ 소개나 내용이 풍부해지고 다채로워지기 시작함 −TV연속극, 다큐멘터리 드라마. 역사인물전기 드라마. 희극 드라마가 선을 보임
1984년~1990년 (발전기)	−드라마의 제작 수량이 대폭적으로 증가함 −현실을 반영하고, 보통 사람들이 헌신적인 정신을 찬양한 것이 창작의 주종을 이룸
1990~현재 (홍성기)	−드라마의 연속화, 통속화 및 실내극의 홍기로 1996년에는 8,000여 편의 드라마가 창작됨 −풍부하고 다양한 예술성을 갖추고 시대성을 반영한 우수한 작품들이 많이 쏟아져 나옴

중국에서는 1958년 5월 10일 중국 최초 텔레비전 방송국인 베이징 TV가 창설된 것을 시작으로 같은 해 6월 15일 <차이빙즈 한입(一口菜 饼子)>라는 중국 최초 드라마를 제작하였다. 이 드라마는 두 대의 카메라가 각각 서로 다른 각도에서 촬영을 진행하였고, 현재 몇 장의 흑백사진만 남아 있을 뿐, 영상자료는 남아 있지 않다. 이후 1966년

문화대혁명이 발발할 때까지 중앙 텔레비전 방송국과 각 지방방송국들은 약 100여 개의 드라마를 방송하였고, 문화대혁명 시기에는 드라마제작이 거의 이루어지지 않다가 1977년부터 드라마를 다시 제작하기 시작하여 전국적인 네트워크가 형성되기 시작하였다.

1980년대 중국드라마는 홍콩에서 수입되기 시작하면서 본격적인 TV드라마 교류가 이루어지기 시작하였고 특히 이 기간에는 해외에서 많은 드라마들이 들어와 중국 내에서 방영되기 시작하였다. 이 시기 중국인들에게 큰 감동을 주었던 드라마는 일본의 베이징 침공의 역사와 그 속에서 변화되는 인간의 운명을 묘사한 CCTV의 <사세동당(四世同堂)>이었다. 라오서 3부작 장편소설을 각색한 것으로, 지금까지도 중국 TV드라마의 걸작으로 꼽히며 TV 장편 드라마의 성공을 알리는 서막이었다. 그러나 1980년대 말 천안문사건이 발생하면서 주춤해지기 시작했다.

이후 1990년대 이후부터는 중국 드라마의 다원화시대가 이루어졌으며 산업적으로도 급속도로 성장해 가는 시기라 할 수 있다. 다양한 장르에 대한 해외 성공사례의 도입과 개조를 통해 리얼리티 장르나 다양한 오락 장르가 시청자들에게 인기를 끌기 시작한다. 하지만 이 시기에는 중국내 자체 제작하는 프로그램이 부족하여 대부분 수입한 드라마에 의존하였는데 이때 홍콩, 대만에서 제작된 드라마와 함께 한국 드라마의 본격적인 중국시장진출이 시작되었다. 이렇게 방송되는 드라마가 중국내에서 선풍적인 인기몰이를 하기 시작하자 중국 국가광선총국은 국산드라마의 발전을 촉진시키기 위해 드라마의 수입주체, 수입드라마의 수량 등을 한정하는 등 해외드라마의 수입과 방영을 통제하였고, 드라마 수입과 방영에 관한 주요 법규를 공포하였다.

2000년대 초 국가방송영화텔레비전총국(SARFT)이 '황금시간대인
저녁 6시에서 밤 10시 사이에는 수입 드라마의 방영을 15%를 초과해
서는 안 된다'라는 규정을 제시하면서 중국 국산제작드라마가 힘을
얻기 시작했다. 중국 내 수입드라마는 90년대 후반 최고조에 달했으
나 21세기 들어 국가정책의 지원 하에 중국 드라마가 황금시간대 방
송을 장악하였다. 이 시기의 드라마 소재분포는 현실적인 측면을 다
룬 내용이 주도적 위치를 차지하고 있고 형식이나 스타일 등에서도
점차 다양화되고 있음을 알 수 있다. 이중 농촌, 도시가정의 생활을
소재로 한 도시 가정을 소재로 한 드라마가 특히 사랑을 많이 받았고,
시청률에서 좋은 성적을 거두었다.

● **국가광전총국의 해외드라마 수입과 방영에 관한 주요법규**

첫째, 1994년 2월에 선포된 "외국 TV 프로그램의 수입과 방송에 관한
관리규정"은 각 방송국이 매일 방영하는 각 프로그램에서 외국드라마 총
방영시간은 25%를 넘어서는 안 된다. 특히 황금시간대인 저녁 6시에서
밤 10시까지는 15%를 초과해서는 안 된다고 규정하였다.
둘째, 2000년 1월에는 "성급(省級) 방송국 프로그램 채널 관리업무 강화
에 관한 통지"에서 저녁 6시에서 밤 10시 사이의 시간대에 방영하는 드
라마의 비율은 반드시 15% 이내로 제한하였다. 그중 저녁 7시에서 밤 9
시 30분까지의 시간에는 광전총국이 방영을 허가한 수입드라마 외에는
방영이 금지되어야 했다.
셋째, 2001년 6월에는 "TV드라마 관리규정"을 선포하였는데 이것은 '방
송국은 매일 방영하는 각 프로그램에서 수입드라마의 총 방영시간의
25%를 초과해서는 안 된다'라고 규정하였다.

이 시기의 드라마는 공산당 및 군대 간부, 경찰의 활동 등을 다루는 등 진부한 형식을 벗어나지 못하는 것들이 대부분이었지만 이러한 테마의 드라마들 중 딱딱한 표현을 배제하고 대신 짙은 인정미를 드라마의 테마 속에 침투시킴으로써 시청자들에게 인기를 얻은 작품도 있다. 예를 들면 군대를 소재로 한 <DA사(DA師)>, <군가료량(军歌了亮)>과 경찰을 소재로 한 <정복(征服)> 등이 포함된다.

그리고 2003년에는 김용(金庸)의 무협극이 최고 인기를 누리게 된다. 김용은 1955년부터 1972년 사이에 15권의 무협 소설을 집필하였으며 그 중 일부는 『밍파오』에 연재하기도 하였다. 그의 무협소설은 동서양의 여러 나라에서 번역 출판되어 공식적으로 집계된 것만 해도 1백만 부가 넘게 팔렸다. 또한 그의 무협소설들은 수십 차례에 걸쳐 영화와 비디오로 제작되었으며 컴퓨터 게임으로도 만들어졌다. 김용은 홍콩이 중국으로 반환된 이후 대륙에 널리 알려져 김학(金學)이라는 그의 소설을 연구하는 학문이 생길 정도로 존경받고 있으며, 그의 대표작으로 『사조영웅전』, 『신조협려』, 『의천도룡기』, 『천룡팔부』, 『녹정기』, 『소오강호』 등이 있다.

2000년대 중국드라마는 사실주의와 발전된 제작기술이 돋보이는 작품들이 많으며 특히 중국 특유의 지역적 문화의 특성을 반영하고 있는 작품들도 있다. 예를 들면 중국 북방지역의 지역적 문화의 특성이 잘 반영되어 있는 <류노근(刘老根)>이라는 드라마는 2001년에 북방에서 인기를 끈 드라마로 하얼빈에서 40% 이상의 시청률을 기록했으며 선양, 란주, 베이징 등의 북방도시에서 20% 이상의 시청률을 기록하였다. 그러나 상하이, 광저우 등 남방지역에서는 시청률 차트에도 오르지 못했는데 그 이유는 이 드라마에 내포된 동북부 지역의 문화와 상하이 · 광동 문화의 문화적인 차이로 분석할 수 있다.

2008년은 베이징 올림픽, 중국 개혁개방 30년, 후진타오 정부 2기 지도체제 출범 등 드라마 제작에도 영향을 미치는 정책성적 요소가 많은 해이다. 이 시기에 SARFT(중국 광파전영전시총국)는 개혁개방이라는 역사적 사건 및 개혁개방 30년 이래 역사적 발전을 드라마의 소재로 등장시켜 개혁개방이 중국 사회생활과 대중의 정신적인 측면에 영향을 표현하였다.

2009년 역시 신중국 창립 60주년의 해로 중국 드라마 시장도 장엄하고 신성한 분위기가 조성되어 이를 소재로 한 드라마들이 대부분을 차지하였다. 예를 들면 <잠복(潛伏)>, <해방(解放)> 등이 인기드라마로 방송되었는데 이 장르는 혁명, 투쟁, 전쟁 등과 관련된 주제로 드라마 시상의 45%를 차지하였다. 이후 2010년의 드라마 소재로 시청자들의 생활에 근접하여 현대적인 느낌이 충만하고, 사람과 사람 간의 감정, 도시생활극과 사회 논리극 등 수용자에게는 낯설고 새로운 하지만 비교적 친근한 소재를 드라마의 주요내용으로 포함하고 있다. 2012년 현재 중국에서 방송되는 드라마의 트렌드를 살펴보면 첫째, 현실을 반영하고 화합하는 정치적 이념을 강조하는 내용 둘째, 민족의 독특한 역사 및 문화에 부합되는 작품 셋째, 전형적인 인물을 부각시키거나 아름다운 스토리를 부각시키는 내용이 주류를 이루고 있다. 이러한 트렌드는 중국의 정치적, 사회적 상황에 부합되는 특정 장르가 많이 제작되는 경향을 나타냄과 동시에 지역적인 특성을 반영하여 차별화된 특징을 나타내고 있다.

- 홍류몽(紅楼梦): 중국 최초 명저 각색드라마
- 대당부용원(大唐芙容园): 2007년 중국CCTV에서 첫 방영된 이후 2008년 일본, 싱가포르 등에서도 커다란 인기를 얻은 드라마로 판빙빙을 명실상부한 중화권 최고스타 반열에 오르게 한 작품
- 외래매(外来妹): 최초 상업드라마
- 고궁18년(故宮十八年): 최초의 연속극
- 교입고후(巧入故后): 최초 외국 더빙 드라마
- 아애아가(我愛我家): 최초 시트콤

2) TV드라마 교류현황

1978년 개혁개방정책 이후 중국의 문화산업 가운데 가장 빠른 속도로 발전되고 있는 문화오락시장은 한중 양국이 오랜 역사와 문화의 공유로 비교적 큰 공감대를 형성하고 있어, 최근 한류열풍과 함께 TV 프로그램 수출을 포함한 TV방송산업이 활발히 진행되고 있다.

1994년 <사랑이 뭐길래(爱情是什么)>가 중국의 CCTV에서 방영을 시작한 이래 2005년 <대장금>이 방영되면서 드라마부문의 교류와 한류의 바람이 불기 시작했다. 대장금은 한국의 역사, 의상, 음식문화 등 다양한 분야에서 한국고유문화가 선풍적인 인기 몰이를 하며 한국문화의 신드롬에 빠져들었다.

한국 드라마에 대한 중국 시청자들의 반응에 대한 분석에 따르면 대체로 한국 드라마는 중국의 청소년과 장년층에서 높은 인기를 끌었다고 한다. 청소년들의 경우 한국 드라마가 지닌 현대적인 요소들 즉 출연자들의 세련된 용모와 패션 그리고 높은 생활수준 등이 동경의 대상으로서 크게 다가왔다면, 장년층에서는 한국이 지닌 강한 가족 공동체적 성격과 유교적 가족질서 등에 대한 호감에서 비롯된 것

으로 파악하였다.

한국 드라마에 의해 촉발된 한류의 열풍은 중국에서 주요 언론까지 대서특필할 정도로 분명한 실체가 있는 하나의 유행을 창조했다고 본다. 한국 드라마가 중국에서 인기를 끌게 된 요소는 다음과 같다.

첫째, 일본이나 홍콩, 대만의 드라마에서 보지 못한 신선함을 안겨 주었다.

둘째, 동양적인 사고와 정서 그리고 친근한 인물형상을 통해 공감대를 형성하였다.

셋째, 미국과 일본의 상업적 요소를 세련되게 표현하고 있으면서도 현대 도시생활에서 오는 정신적 압박과 생활 주변의 갈등을 동양적 도덕적 측면에 근거하여 재구성함으로써 한국의 특징을 살렸다

넷째, 스다 출연진의 개성 있고 수려한 용모와 의상, 뛰어난 촬영 기법과 아름다운 영상미가 돋보였다는 사실 등을 들 수 있다.

<표 4> 중국에 수출된 한국 드라마

연도	수출 드라마
1993년	<질투>, <여명의 눈동자>
1994년	<사랑이 뭐길래>
1995년	<당신이 그리워질때> <모래시계>
1996년	<마지막 승부> <바람의 아들>
1997년	<화려한 휴가>
1998년	<별은 내가슴에> <미스터 휴> <욕망의 바다> <파트너> 등
1999년	<거짓말> <내마음을 뺏어봐> <미스터 큐> <웨딩드레스> 등
2000년	<사랑은 블루> <초대> <청춘의 덫> <팔월의 신부> 등
2001년	<불꽃> <웬만해선 그들을 막을 수 없다>
2002~2005년	<가을동화> <겨울연가> <꽃> <보고또보고> <목욕탕집 남자들> <이브의 모든 것> <천국의 계단> <대장금> 등
2006년 이후	<올인> <궁> <풀하우스> <파리의 연인> <옥탑방 고양이> 등

[사례 1] 중국 진출에 성공한 드라마

<대장금> - 드라마

2005년 9월부터 호남(湖南)위성TV에 <대장금>이 방영되면서 한류에 변화의 바람이 불기 시작했다. 기존의 한류가 한국적이지만 중국인들이 동경했던 경제적으로 풍요한 서구화된 현대적 대중문화의 확산을 가져왔다면 대장금은 한국 고유문화의 확산을 가져오고 있기 때문이었다. 한국의 역사, 한국의 의상, 한국의 음식 등 한국 고유의 문화가 선풍적인 인기를 구가하면서 2005년 중국은 한국문화의 신드롬에 빠져 들었다. 결혼식에서 한국의 전통한복이 등장했고 중국 도처에서 '대장금'이라는 간판을 내건 한국식당이 큰 인기를 끌었다. 게다가 저장성 항주 인근 춘안(淳安)현 랑촨(浪川)향의 치바오(七堡) 소학교가 재정난 등으로 폐교 위기에 처해 있었을 때, 이영애가 2006년도에 이 학교에 5만 달러를 기부한 이후 이 학교는 '이영애 소학교'라고 학교 명칭을 바꾸었다.

[사례 2] 중국 진출에 실패한 드라마

<공부의 신> - 드라마

우리나라에서는 인기를 끌었지만, 중국으로의 진출은 현실적으로 용이하지 않았다.

중국은 대학 진학 문제 및 교육문제는 중국 정부가 규제하고 있는 소재가운데 하나로, 이 드라마를 중국 정부당국이 금지하고 있는 사교육과 입시의 두 내용을 동시에 다루고 있다는 이유로 중국진출에 실패한 사례라 할 수 있다.

이 드라마는 통해 알 수 있듯이 한국 드라마의 성공적인 중국 진출을 위해서는 중국에 대한 사회 및 문화에 대한 정확한 인식과 이해가 필요하다.

● 텔레비전을 무료로 볼 수 있는 중국 사이트

- http://dianshiju.cntv.cn
- http://data.ent.sina.com.cn/tv/index.html
- http://space.dianshiju.cctv.com
- http://www.dashiw.com
- http://cctvenchiridion.cctv.cpm

---

4. 영화산업과 영화교류

1) 세대별 영화 및 영화감독

중국에서 영화는 1896년 8월 파리에서 영화가 처음 등장한 바로 이듬해에 상하이에 소개되었고, 이것이 중국에서 최초로 영화가 상영된 것이다. 이때는 영화를 '서양그림자극'이라고 칭하였다.

그 이후 중국 최초의 영화는 1905년 베이징의 펑타이 사진관에서 최초의 중국산 영화인 <정군산>이 제작되었다. 비록 경극의 몇 장면을 촬영한 기록물에 불과하지만, 경극이라는 중국 전통 예술 양식과 영화라는 새로운 매체가 접목되었다는 점에서 그 의의가 크다. 1913년 감독 및 대본을 갖춘 최초의 본격 극영화인 <난부난처>가 제작되었는데 이 작품은 전통적인 매매혼에 의해 초래된 비극을 그린 영화로 소개되고 있다.

1916년 중국최초의 영화사 '환선영편공사'가 설립되었고, 그 이후 1920년대는 무성영화가 제작되었다.

그리고 1930년대는 중국 좌익영화의 황금기로써 내부적으로는 국공 간의 대립, 외부적으로는 일제의 침략이 이루어진 상황 속에서 민족정신의 고양을 표방한 영화들이 많이 제작되었다.

개혁개방 이전의 중국 영화는 전국의 16개 영화 스튜디오들이 정해진 편수를 의무적으로 제작하고 중국영화공사가 일괄적으로 사들여 각 지역에 배급하는 방식이었다.

그 후 1990년 국영 스튜디오의 자율배급이 인정되고 1997년 이후에는 민간 영화사들의 영화산업 진입이 가능해졌다. 2001년 중국이 WTO에 정식가입하면서 중국의 산업화와 시장화는 더욱 가속화 되어 이 시기 전의 영화가 사회주의를 유지하기 위한 선전도구와 교육이 목적이었다면 이후의 영화산업은 하나의 문화 상품으로 인식되기 시작하였다.

그러나 중국은 지금도 사회주의 이데올로기를 강화, 유지하려는 '주선율 영화'의 제작을 의무로 한 정책을 1987년 이후로 사용하고 있으며 아직도 중국전체 영화에서 상당한 비중을 차지하고 있다.

2003년 이후의 중국영화는 시나리오 검열방식이 완화되기는 하였지만 여전히 창작의 자유에는 제약이 존재한다.

〈표 5〉 세대별 영화와 영화감독

세대별 구분	대표감독	대표작품
제1세대	장스촨, 정정치우	<대역죄(大逆罪)> <연화락(蓮花落)> 등
제2・3세대	정쥔리, 셰진	<백모녀> 등
제4・5세대	천카이거, 티엔 주앙주앙, 장이머우	<황토지> <붉은 수수밭> <홍등> 등
제6세대	지앙원, 장명, 지아장커, 로우예	<베이징 자전거> 등

(1) 제1세대

1911년 이전의 대부분의 영화제작과 상영은 외국인들에 의해 이루어졌으며 특히 미국 영화가 거의 완벽하게 지배하고 있었다, 예를 들어 1929년 중국에서 제작된 영화는 50편을 넘지 못했고, 이 영화들이 경쟁해야 했던 영화시장에는 450편으로 추산되는 수입영화들(이 중 90%가 미국영화)이 있었다. 이 시기 미국자본에 의한 상편영화도 제작되기 시작하였는데 <대역죄>,<연화락>등이 초기의 대표작품이다. 1922년에는 처음으로 배우양성기관이 개설되어 장스촨, 정정치우 등 감독의 협력체제가 실현되었다. 1933년도 이와 비슷하게, 중국 영화사가 자체적으로 만든 영화는 67편(이 중 14편이 무성영화)이었고, 500편의 미국 영화와 100편의 다른 나라 영화가 수입되었다.

1930년대는 좌익 문예운동이 추진되면서 중국영화는 여러 가지 어려움을 겪지만 차츰 성숙해지기 시작한다. 1937년 중반부터 일본과의 전면전이 시작되자 <한길> 같은 민족적인 항일 영화들이 속출하였다. 이와 함께 영화산업은 상하이에서뿐만 아니라 홍콩, 중경 등으로 확대되어 발전하였다. 이들은 중경에서 전문적 활동을 하며 전쟁에 직면한 중국인의 생활에 용기를 불어 넣어 주는 소재로 영화작업을 할 수 있었다. 1940년대 말까지 중국영화는 미약하게나마 존재했던

예술가들의 지적 표현보다는 인민에 대한 항일 무장의 촉구를 중심
으로 제작되었기 때문에 이 시기는 관객과 예술가가 극히 친밀한 때
였다. <봄이 오면 강물은 동으로 흐르고(一江春水向東流)>는 마치 중
국의 <바람과 함께 사라지다>처럼 1940년대를 대표하는 영화다.

(2) 제2세대와 3세대

1949년 중화인민공화국이 수립된 후 중국은 정치·경제·사회·
문화 각 방면에 개혁이 일어났다. 이는 영화산업에도 역시 영향을 미
쳤으며, 이후부터 중국의 영화는 크게 대륙영화, 대만영화, 홍콩영화
로 나뉘어져 제작되었다.

1966년 강청에 의해 영화제작이 중단되었고, 이후 1969년 사이 연
간 제작 편수가 하나도 없게 되기까지 중국의 영화산업은 대약진 운
동의 일환으로서 사회주의 건설의 가치를 내걸고 창의력과 열성을
지닌 사회주의적 인간형을 창조해내는 데 주력한다.

1970년대 말까지의 대륙영화는 문화대혁명의 영향으로 정치성과
선정성이 강한 영화들이 주로 제작되고 또 상영되었다.

이시기의 대표영화는 왕빈, 수이화 감독의 <백모녀> 등이 있고,
대표감독으로는 셰진. 정쥔리 등이 있다.

● 장칭(江靑)의 문예 정풍운동

1966년 3월 장칭은 장춘차오(張春橋), 천보다(陳伯達), 등과 함께 '부대 문예공작 좌담회'를 작성하여 같은 해 4월 중국 공산당 중앙의 중요 문건으로 채택되어 전국 각지에 배포되었다. 개요에는 "반드시 당 중앙의 지시에 따라 문화전선상의 사회주의 대혁명을 꿋꿋이 전개하여 반동노선을 철저히 짓밟아야 한다"라는 내용이 포함되어 있다.

(3) 제4세대와 5세대

1980년대 이후부터는 천카이거, 티엔 주앙주앙, 장이머우 등 문화대혁명 이후 제 5세대 영화감독들이 국제영화제를 통해 세계적으로 주목을 받기 시작하였다.

2000년대까지 우리나라에 소개된 작품은 <붉은 수수밭>, <홍등>, <패왕별희> 등 장이머우와 천카이거 작품이 대부분이다. 2000년대 이후부터는 중화인민공화국 건국 60주년을 기념한 영화 <건국대업>등 대형 국책영화가 성행을 이루었고, 다양한 장르의 영화가 공존하는 가운데 제 5세대 감독들이 세계적으로 큰 호평을 받고 있다.

5세대 영화의 출발을 알린 신호탄은 천카이거 감독이 연출하고 장이머우 감독이 촬영한 영화 <황토지>(黃土地, 1984)이다. <황토지>는 공산당에 의해 기소되어 상영 금지를 당했지만 국제 영화제를 통해 중국 영화에 대한 관심을 환기하는 전환점이 됐다. 그 후 천카이거 감독은 <대열병>(大閱兵, 1985), <아이들의 왕>(孩子王, 1987)으로 연이어 세계 영화계를 놀라게 했고 촬영 감독 출신인 장이머우 감독 역시 <붉은 수수밭>(紅高粱, 1988)으로 주목을 받았다. 이들 외에도 티엔 주앙주앙 감독의 <말도둑>(盜馬賊, 1986), 황지엔신(黃建新) 감독의 <흑포사건>(黑砲事件, 1985) 등 많은 화제작들이 쏟아졌다. 장이머우 감독은 동시대 5세대 감독들 중에서 가장 돋보이는 감독으로 다른 감독들과 달리 감각적이고 대중적인 영화로 인기를 끌었다. 강렬한 색채로 인간의 욕망을 표현하는 장이머우의 탐미주의는 <붉은 수수밭>에서 <국두>(菊豆, 1990), <홍등>(紅燈, 1991)으로 이어지면서 국제적인 명성을 얻었다. 5세대 감독들이 부상할 수 있었던 것은 지도자 덩샤오핑의 개방 정책에 의해 베이징국립영화학교에서 다양한 영화 교육을 받았고 서구 영화도 쉽게 접촉할 수 있었기 때문이다. 하지만 1990년대 이후 5세대의 한계는 분명해졌다. 중국 영화의 세계화라는 목표에 집착했던 5세대 감독들은 중국의 정치, 사회적 문제들을 도외시함으로써 이후 세대들로부터 비판을 받게 됐다. 1990년대 이후 5세대의 이러한 성향을 꼬집으면서 등장한 것이 제6세대 감독들이다.

(4) 제6세대

제6세대 감독이라 일컬어지는 이들은 1990년 이후 등장한 감독들로, 현재 중국인들의 삶을 사실적으로 표현하여 보여준다.

제5세대가 베이징국립영화학교라는 터전에서 발원한 것이라면 1990년대 이후 등장한 제6세대들은 1989년 발발한 천안문(天安門) 사태의 영향력 아래 있다. 제6세대 감독들은 천안문 사태 이후 보수주의가 다시 영화를 장악하고 검열도 강화된 상황에서 등장했으며, '독립 제작'을 통해 창작의 자유를 얻으려 했다. 이들은 재정적인 지원 없이 강력한 검열 아래서 작업했기 때문에 대부분 자국 내에서 개봉

할 수 없는 영화를 만들었다. 제6세대의 기수로 알려진 장위엔(張元) 감독은 <베이징 녀석들>(北京雜種, 1993), <동궁서궁>(東宮西宮, 1996) 등을 통해 중국 내에선 금기시된 소재인 젊은이들의 방황, 동성애, 가족의 문제를 과감하게 전면화했다. 장위엔의 뒤를 이어 장명, 지아장커, 로우예 등 많은 젊은 감독들이 과감한 소재와 이야기를 들고 나왔다. 이들은 자신들이 만드는 영화가 중국에서는 허락되지 않는 이야기라는 의미로 '지하영화(地下映畫)'라는 명칭을 사용했다. 6세대 감독들은 정부의 가혹한 검열과 탄압 속에서 힘겹게 영화 작업을 계속하고 있다. 그들은 5세대의 우회적인 화법에서 벗어나 자신들이 느끼는 중국의 현실을 직접적으로 제시해 많은 논란을 낳았다. 상영 금지는 물론, 중국 내에서 활동할 수 없도록 하는 등 창작의 권리 자체를 빅털당한 이늘도 있었다. 하지만 차츰 이러한 상황에 변화가 일고 있다. 중국 정부의 블랙리스트에 올라 있었던 6세대 감독들에 대한 해금 조치가 잇따라 발표되고 있는 것이다. 2004년 1월, 지아장커 감독에 대한 작품 활동 제한이 풀렸으며 상영 금지됐던 왕 샤오슈아이 (王小帥)의 <북경 자전거>(十七歲的單車, 2001)가 개봉하는 등 자유화의 물결이 일고 있다. 중국 영화계는 '모든 계층의 사람들이 볼 수 있는 영화만을 상영한다'라는 기존의 원칙에서 탈피해 연령별 등급제 실시 등을 검토하고 있는 것으로 알려졌다.

이들의 등장배경은 중국 '현대화'를 배경으로 하고 있다.

외부로부터 유입된 소비문화가 중국 문화사업의 중심에 등장하면서 중국 내에는 대중문화라는 새로운 개념이 형성되었고 이 대중문화 속에서 중국 영화산업이 자리 잡는 시기와 제6세대 감독들의 시대는 일치한다.

제6세대 영화인들은 저예산 독립영화를 제작하며 이러한 문화산업의 등장과 제도권 내의 영화, 주선율 영화, 주류 상업영화에 저항하면서 등장하게 되었다. 이들은 다큐적인 촬영을 영화 전개방식에 접목하거나 아방가르드한 영화를 시도하며 개혁개방 근대화의 흐름 속에서 모더니티에 대한 반발을 재현해내고 있다. 또한 이들은 주류 영화 속에서처럼 영웅을 만들지 않으며 장애인, 동성애자, 매춘부, 소매치기, 정신분열자 등 바깥으로 밀려난 주변인들을 묘사하고 있다.

● 중국의 개혁개방 이후 10대 상영금지 영화

1. 〈고련(苦戀)〉 1980년
2. 〈원야(原野)〉 1981년
3. 〈남풍쟁(藍風箏)〉 1992년
4. 〈패왕별희(覇王別姬)〉 1993년
5. 〈활착(活着)〉 1994년
6. 〈미(米)〉 1995년
7. 〈파파(爸爸)〉 1996년
8. 〈귀자래료(鬼子來瞭)〉 1999년
9. 〈십칠세적단거(十七世的單車)〉 2000년
10. 〈평과(苹果)〉 2007년

---

2) 영화 교류 현황

영화진흥위원회는 2011년 4월 '중국 영화시장 현황 및 사업설명회'를 열어 중국 영화시장이 폭발적으로 성장하고 있으며 한국은 이러한 기회를 이용해 활발한 교류활동을 통해 중국에서 한국영화의 판로를 개척하고, 한중 영화교류를 확대, 발전시키는 방안을 제시하였다. 그리고 중국영화시장의 판로를 개척하기 위한 방안으로 공동제작 활성화를 통한 한국영화 인력진출 및 한국영화 저변 확대, 현지 영화산업 및 정책에 대한 데이터 구축, 한중영화 교류 협력 및 네트워크 강화 등의 방안을 제시하였다. 뿐만 아니라 중국영화가협회 산업연구센터의 자료를 인용해 앞으로 5년 후 중국 영화 흥행수입이 400억 위안(약 7조 1천 287억 원)에 이르러 세계 제2의 영화시장으로 성장할 것으로 내다보면서 중국에서 한국영화의 저변을 확대해 나가야 함을 강조하였다.

실제로, 2010년 중국영화 제작편수는 526편, 스크린 수는 전년대비 31% 증가한 6,200개, 흥행수입은 전년대비 64% 늘어난 101억 위안(약 1조 8천억 원)에 이르고 있으며 2011년에도 50% 이상 성장할 것으로 예측했다. 이처럼 폭발적으로 증가하고 있는 중국 영화시장의 판로개척을 위해 첫째, 공동제작 활성화를 통한 한국영화 인력진출 및 한국영화 저변 확대 둘째, 현지 영화산업 및 정책에 대한 데이터 구축 셋째, 한중영화 교류 협력 및 네트워크 강화 및 한국영화 상영확대 및 한국영화 수출 지원 등을 기획하고 있으며, 2012년 개봉될 한중 합작영화들의 성행도 기대하고 있다.

<표 6> 한중수교 이후 중국 내 상영작

연도	주체	작품 및 내용
1993년	제1회 상하이 국제영화제	<서편제>
1994년	한국영화주간	<나의사랑, 나의신부>
1995년	제2회 상하이 국제영화제	<피아노가 있는 겨울>
1996년	제3회 장춘영화제	<소나기>
1998년	한국영화진흥공사, 중국 라디오 영화 텔레비전부 공동주체	한국영화회고전
2000년	한국영상자료관과 중국영화자료관의 공동주체	<붉은수수밭> <징기스칸><신녀> 등
2002년	제1회 금계백화영화제	<미술관 옆 동물원> <시월애> <하루>
2003년		<좋은 사람 있으면 소개시켜줘> <오아시스> <취화선> 등
2004년	베이징한국영화제	<장화홍련> <말죽거리 잔혹사> <클래식> 등
2006년	상하이 국제영화제	<밀양> <행복> 등
2008년	상하이 한국영화제	<즐거운 인생> 등

● 한중 협작영화

중국 정부의 영화법에 대한 규제로 한국 영화 관련사들은 중국에 대해 수출이나 합작의 경우 상당한 리스크가 존재한다. 그러나 한국영화사들은 이러한 리스크를 감수하며 진출하는 것보다 중국을 협작의 대상으로 많이 활용하였는데, 초기 한-중 영화산업은 한국에서는 보기 드문 다양한 기후와 배경을 가진 촬영지와 또한 저임금으로 고용 가능한 인력들과 스태프들이 있다는 장점을 활용하여 협작이 주를 이루었다.

대표작으로는 〈천년호〉(2005), 〈천군〉(2003)의 사례가 있다. 합작의 경우에는 한국배우와 중국배우를 더블캐스팅 해야 한다는 단점이 존재하지만 협작의 경우에는 감세면에서 이익을 보고 감세 면에서 이익을 보고 또한 불필요한 제작비 절감과 불확실한 시장에 대한 불안감을 덜 수 있다는 장점이 있다.

● 한중 합작영화

- 호우시절(2009년): 정우성, 가오 위안위안(高圓圓) 주연

● 2012년 상영 예정작

- 소피의 연애매뉴얼(2012): 소지섭, 장쯔이(章子怡) 주연
- 레몬(2012): 홍소희, 립위렴(立威廉, Leon Jay Williams) 주연
- 길위에서(2012): 지진희, 차수연 주연
- 위험한 관계(2012): 장동건, 장바이즈(張柏芝) 주연

● 〈무극〉, '中 100편의 영화' 신정

천카이거 감독의 장동건 주연의 중국영화 〈무극〉이 〈폴리스 스토리〉, 〈붉은 수수밭〉, 〈와호장룡〉 등과 함께 '중국 영화사 100년을 대표하는 100편의 영화'에 선정되었다.

이번 명단 선정은 중국영화평론학회, 중국 대만 홍콩 영화 연구회 등이 연합해 ▲이데올로기와 예술의 융합 ▲영화사에서의 위치 ▲대중에게 끼친 영향을 기준으로 진행됐다. 중국의 영화 스태프, 영화평론가, 영화사학자 등 영화 관계자 100명으로 구성된 심사위원회가 추천한 220편의 영화 중 선발됐다.

제작비 3천만 달러가 투입되고 한국·중국·미국 합작으로 제작된 '무극'은 제78회 아카데미 외국어영화상 부문, 제63회 골든 글로브 최우수 외국어영화상, 제56회 베를린국제영화제 비경쟁부문 부문에 노미네이트 선정되어 수상을 기대하고 있다.

5. 공연예술산업과 교류

한중수교 이후 두 나라의 문화예술 부분의 교류는 활발히 진행되고 있으며, 서로 다른 특성을 가진 문화의 교류가 활발해짐으로써 양국 국민 간의 상호이해 및 협력을 증가시켰다.

그동안의 문화교류는 각종 문화예술단체의 교류를 통해 눈부신 발전을 기록하였다. 예를 들면 1994년 3월 28일 '중한문화협력협정'을 체결하고, 2007년 3월 22일 베이징시에 '한국문화원'을 오픈하였고, 그 이후 중국정부는 한국에 '중국문화원'을 개원하여 문화교류의 장을 확대시켜 나가고 있다.

1) 공연예술

문화예술부분은 두 나라 간의 오래된 역사, 다양한 장르와 전통문화요소의 초강세, 전통문화 요소의 초강세, 공연 공간의 다양성, 종합성 예술지향 및 음악과 서사의 결합 등의 다양한 특징을 가지고 있으며, 양국의 이러한 특징을 활용한 공연 및 예술 활동의 활발한 교류가 진행되고 있다. 특히 한중 교류관계에서 문화예술관계의 교류는 최근 가장 활발한 왕래를 하고 있는 영역 중 하나라고 할 수 있다.

공연을 통한 문화예술 교류는 한국을 방문하는 중국단체는 경극, 서커스, 교향악, 가무극, 연극 등을 주로 공연하고 있다. 특히 한중수교 20주년을 맞는 2012년은 다채로운 공연, 예술 행사등을 계획중에 있으며 앞으로도 양국간 더 활발한 문화교류가 이루어지길 기대한다.

2011년 5월 한국분장예술협회는 '중국 TV, 영화기술학회 메이크업

전문위원회'와 문화예술교류협력을 체결하였다.

'중국 TV, 영화기술학회'는 1984년 설립된 메이크업전문위원회로 영화, TV, 전통극 및 패션분장 산업의 분장사들로 구성이 되어있으며 현재 중국 분장업계의 모든 전문가들을 총괄하고 있다.

중국메이크업위원회는 작년 5월 한국을 방문하여 방송국의 분장실 견학 및 국내 미용교육기관 참관 등 다양한 일정을 가졌는데, 특히 한국의 분장교육기관과 시설에 관심을 보였다.

그리고 그날 중국메이크업위원회 회장은 "한국을 방문하여 미용산업을 경험해 보니 한국의 메이크업을 사랑하는 중국 젊은 세대의 트렌드를 더욱 이해 할 수 있게 되었다"라며 이후 각국 기술을 익혀 문화협력의 방안을 만들어가지는 협조의 뜻을 전했다.

분상예술협회와의 교류와 함께 한중수교 20주년이 되는 2012년에는 성형을 목적으로 한국을 방문하는 의료관광객 수가 급증하고 있으며, 중국인들이 많이 모이는 명동, 부산 등의 지역에서는 의료관광거리를 활성화하는 방안을 추진 중에 있다.

● 중국인 의료관광산업

중국인의 한국 의료 관광이 크게 늘고 있는데 주중 한국대사관은 2011년 중국인들에게 발급한 의료관광비자는 모두 1천 73건으로 전년에 비해 386% 증가했다고 밝혔다.

중국인들은 한국이 가깝고 의료기술이 발달했다는 이유로 의료관광에 관심이 있으며 성형수술 등을 목적으로 한국을 많이 찾는 것으로 알려졌다.

중국인 의료관광의 핵심은 얼굴 성형이다. 일반적으로 7~10일 정도 한국에서 거주하며 성형수술과 한국의 명소를 방문한다. 이들이 소비하는 1인당 평균 비용은 2,203달러다.

세계 각국은 관광산업을 고부가가치 산업으로 지정하고 집중적으로 투자하고 있다. 그중에서도 중국관광객은 떠오르는 신흥 소비자층으로 부상했다. 의료관광 활성화를 위해 복지부, 문화부를 중심으로 불법 의료행위에 의한 중국인 관광객 피해를 예방하기로 했다. 주로 여성(70.8%)과 피부·성형외과(31%) 분야로 불법의료 행위로 인한 관광객 피해인원은 2009년 4,725명에서 2011년 1만 9,222명으로 2009년 대비 4배 이상 증가한 것으로 확인되었다.

중국인이 선호하는 지역에서는 위안화로 쇼핑이 가능하게 하거나 환전 정보를 제공하고 카드결제 편의를 제공하기 위해 은행 직불카드 가맹점을 확대하는 등의 방안도 마련됐다. 주요 숙박시설 정보를 제공하고 대학기숙사를 게스트하우스로 운영한다.

2) 공연예술 교류현황

〈표 7〉 중국방문 한중 민간 공연예술 교류현황

시기	주최	행사내용
1995년 9월	중국문화부	우루무치와 서안에서 한국의 춤사위를 편성
1995년 10월 29~11월 11일	상하이 국제민속예술제	－김나운 바이올린 독주회 －원광대 이길수 무용단 공연
1996년 2월	중국중앙민족악단	국립국악관현악단의 지위
10월	한국문화원주관	－종묘제례악 －홍신자 무용단의 공연
1997년 1월	중국교향악단	HOREP-SAN예술단 공연
2월	중국교양악 음악축제	한국의 곽승 지휘자 <밀양아리랑 서곡>지휘
5월	중국문화부	제9회 희사자전국국제교류음악회 개최

10월	중국예술총공사	정명훈 씨의 교향악단 지휘
1998년 7월	문학예술계협회	"제4회중국 국제민간 예술제"참가
1999년 8월	한중우회협회와 주한 중국대사관 공동 주최	한중수교 7주년 기념음악회
2000년 4월	상하이 대극장	한국식 <춘향전> 오페라 공연
5월	중국 중앙민속악단	제2회 한중 국악관현악축제참여
5월	상하이 대외연출공사,세기연출공사	정경화 씨의 바이올린 연주
2001년 4월	베이징 올림픽위원회와 한국의 CIJ인터내셔날 공동주최	한중 슈퍼음악회
5월	한국문화관광부와 중국관광부의 공동주최	안재욱, NRG의 공연
2002년 6월	YTN, 베이징 대외우호교류협회	한중수교 10주년기념 한중교류의 밤 행사 – 난타공연과 앙드레김 패션쇼
8월		한중일 민족악단 합동공연회
11월		강타, 문희준, 보아 등이 출연한 한류 가수 콘서트
2003년 3월	베이징 중예박람문화교류공사	Irish 챔버오케스트라 순회연주회
2004년	공청단 베이징대학위원회주최	제1회 한국문화제 – 전통혼례식, 한국여행, 음식, 문화, 음악 소개 등
7월	한국관광공사	한중 우의 문화축제 – 앙드레김 패션쇼, 유진박 공연, 한류 스타들의 공연
10월	중국문학예술계연합회	제6회 중국국제 민간 예술제 – 환락예술단의 공연
2005년 5월	사단법인 매헌 윤봉길의사 기념사업회와 중국대외 연출공사 공동 주최	창극 <청년시대>공연
2007년 8월		한중수교 15주년 기념행사
2008년		– 한국 국립국악원의 전통음악과 무용 – 올림픽 기념 <천무> 공연

이후 2012년은 한중수교 20주년을 맞이하는 해로 '아름다운 우정, 행복한 동행(美好友宜 幸福同行)'이라는 슬로건 아래 다채로운 개막공연이 개최됐다. 특히 문화체육관광부와 중국문화부가 공동으로 주최하고 해외문화홍보원이 주관한 이번 공연에는 한국과 중국의 최고의 배우들이 함께 한국의 고전희극인 <춘향전>을 국립중앙박물관 극

장 '용(龍)'에서 선보였다.

한중 합동공연 <춘향전>은 중후하고 독특한 판소리와 춤, 노래가 있는 공연으로 진행되었다. 중국 평탄, 월극 분야의 배우들이 한국 고유의 창극 춘향전에 한국의 아리랑 가락을 버물려 재해석하고, 한국 전통의 소리이자 세계무형문화유산인 판소리가 어우러진 작품을 선사했다.

● 한국의 전통극인 〈춘향전〉이 광저우(廣州)의 '월극(粵劇)'으로의 재탄생

1막에서는 중국 최고의 아름다운 소리라는 찬사를 받는 설창예술 '평탄'을 공연하는 상하이 평탄단이 강남 특유의 매력적인 병창을 통해 〈춘향전〉의 전반부 내용을 노래하고, 버드나무 같은 아름다움을 지녔다는 중국의 전통극 월극의 예술적 특색을 소개했다. 〈춘향전〉 중 '사랑가'로 구성된 2막은 한국 고유의 사랑 이야기가 밝고 아름다운 이미지를 형상화한 무대와 심금을 울리는 노래 소리, 매혹적인 춤사위가 절묘하게 조화를 이룬 월극으로 표현했다.

일인극 형식으로 진행되는 마지막 3막에서는 중후하고 독특한 음색의 판소리로 흥을 돋우며 '춘향가' 후반부 스토리를 펼쳤다. 두 나라의 문화 융합이 이뤄낸 아름다움이 돋보인 공연은 판소리 소리꾼 박애리(朴愛理)가 극중 인물을 불러내, 몽룡과 춘향이 재회하고, 춤과 노래로 분위기를 절정으로 끌어 올리며 막을 내렸다.

● 제주도 합동결혼식 이벤트

● 1999년 9월 1일
한국관광공사는 이번 달을 한중 관광 우호의 달로 정하고 중국관광객을
대상으로 하는 코리아 그랜드 세일, 중국인 신혼부부결혼식, 9.9절 행사
등 다양한 행사를 실시한다. 특히 제주도는 9일 오전 9시 9분 제주종합
운동장에서 베이징, 상하이 지역 중국인 관광객 99쌍이 합동결혼식을
올리는 행사를 갖는데 이는 "9"라는 숫자를 좋아하는 중국인들에게 99
년 9월 9일은 최고의 길일로 이날 행사가 진행되었다.

● 2006년 9월 20일
오전 경기도 용인 에버랜드 장미원에서 중국 허베이(河北)성 친황다오
(秦皇島) 시 선남선녀 50쌍이 단체 결혼식을 올리는 행사가 이벤트로 진
행되었으며 신혼여행은 제주도로 떠난다.

● 2012년 5월 9일
중국 신혼관광객 50쌍이 성산 일출봉에서 웨딩 이벤트를 한다. 중국 헤
이룽장성 유력매체인 대경(大慶)방송에서 한중수교 20주년을 기념에 특
별프로그램으로 기획한 것으로 이날 이벤트는 도립무용단 축하공연, 결
혼서약 등으로 꾸며지며 중국 현지에 생중계될 예정이다.

● 한낙연: 중국의 피카소

중국에서 활약한 한국인 화가로, 파리에서 신인상주의의 영향 아래 활동하
던 중 중일전쟁이 일어나자 중국으로 돌아와 항일운동에 참여했다. 이후
석굴벽화에 감흥을 받아 벽화묘사와 유물 고찰작업에 전념하기도 했다.

지린성[吉林省] 룽징[龍井] 출생. 1914년 용정보통학교를 마치고 전화교
환수 등으로 일하다가 1919년 상하이로 가서 미술전문학교를 졸업하였

다. 그해 룽징에서 3·1운동의 자극을 받은 독립시위에 가담, 이후로 항
일운동을 계속하였다. 1923년 선양에서 첫 개인전을 열고, 1929년 프랑
스로 가서 리옹에서 중국 유학생 창수홍[常書鴻]·린펑옌[林風眠] 등과
사귀었다. 1931년 파리 루브르예술학원에 입학하고, 재학 중에 당시 유
행했던 신인상주의의 영향을 많이 받았다. 루브르예술학원 졸업 후에는
유럽 각국을 돌며 개인전을 열어 호평을 받았으나, 1937년 중일전쟁이
일어나자 중국으로 돌아와 항일투쟁에 투신하였다.
1941년 실크로드 여행 중 서역의 여러 문화유물, 특히 둔황[敦煌] 등지의
석굴벽화에 감명을 받고 1943년부터는 란저우[蘭州]로 가서 본격적인 벽
화묘사와 유물 고찰작업에 착수하였다. 이때 티베트·하사크·몽골·위
구르족 등 중국 소수민족의 생활풍습 등도 생동감 있는 화법으로 묘사·소
개했는데, 이는 당시 정적인 이미지를 추구하던 중국화단에 큰 충격을
주었다. 1947년 다시 벽화묘사와 유물고찰을 마치고 둔황에서 란저우로
돌아오던 중 비행기 추락사고로 죽었다. 그는 몇 번의 가벼운 붓놀림으
로 명암을 뚜렷이 나타냈으며, 감정과 생명이 깃든 색채를 구사하였다.
한국에서는 1993년 서울 예술의 전당에서 유작전시회를 가졌다.

6. 대중음악산업

1) 중국의 대중음악

중국 대중음악의 창시자로 알려진 려금희가 1927년에 창작한 '가
랑비'라는 노래가 중국 최초의 대중가요라고 볼 수 있다. 이는 중국
인으로 하여금 대중음악이 어떤 것인가를 깨닫게 만든 획기적인 곡
이다.

이후 1930~40년대는 일제의 침략으로 항일을 주제로 한 민족적인

음악이 강조되는데 당시 영화 <풍운아녀(風雲兒女)>의 주제가로 작곡되었던 '의용군행진곡'이 혁명 이후 중국을 대표하는 노래로 지정되었다. 이 시기에는 주로 따라 부르기 쉬운 멜로디로 출근족들의 입맛에 맞게 만들어져, 레코드와 축음기를 통한 음악 전파로 개개인의 오락 공간을 점유하며, 정치 이데올로기의 개입 없이, 일정기간 유행했다가 사라진 노래라는 데서 대중음악의 특징을 찾을 수 있다.

1949년 이후 대중음악은 도시화, 현대화, 세계화, 상품화를 함께 추구해 나가기 시작하여 혁명가요를 제외하고 진실한 정감을 토로한 '경가요'와 '경음악'은 모두 금지되었다.

개혁개방 이후 홍콩과 대만의 영향을 받은 대중음악은 중국인들에게 많은 사랑을 받았고 특히 1990년대 들어와서는 서구의 록(rock)음악이 중국 젊은층에게 사랑을 받기 시작했다. 이 시기부터 중국은 외국과의 대중문화교류가 활발하게 이루어지기 시작했는데 당시 외국의 대중음악이나 영화가 중국으로 유입되기 위해서는 정부기관이 발행하는 허가증을 가지고 있는 단위가 정부의 심사절차를 거쳐 수입을 했기 때문에 약간의 제한을 받았다. 특히 이 시기는 홍콩, 대만의 발전된 스타산업, 정신노동을 평가절하 했던 당시 중국의 사회적 분위기 등의 이유로 대륙음악가들이 가요계를 점령하였다. 그러다가 1990년대 말부터 개혁개방을 통한 경제 발전과 산업화의 지속, 소비층의 확산, 문화적 전지구화의 경향이 중국에서도 음악의 산업화, 다양화, 상품화를 앞당김으로써, 다양한 음악상품 개발 및 생산과 문화 피드백을 통해 대중음악이 일종의 문화산업이 되었다.

> ● 정율성: 중국에서 활약한 조선족 작곡가
>
> 2009년 10월 1일, 중국은 건국 60주년을 맞아 베이징 천안문 광장에서 성대한 기념행사를 열었다.
> 후진타오 주석을 비롯한 전, 현직 최고지도자들이 모인 중대 국가 행사에서 중국의 위용을 알리는 13억 중국의 노래 '인민해방군가'가 울려 퍼졌다.

2) 한류와 대중음악

중국에서 한국가요가 인기를 끄는 이유 중 하나는 중국의 문화콘텐츠가 아직은 중국 소비자의 취향 변화를 반영하지 못하고 있기 때문으로 본다. 빈부격차로 인한 갈등, 성공을 위한 야망과 사랑 사이에서의 방황, 유교적 전통문화와 서구문화간의 충돌을 담고 있는 한국의 대중문화는 중국인의 서구문화 소비취향을 만족시키면서 동양인의 정서에 맞도록 재구성되었다는 큰 특징을 가지고 있다.

지금 중국을 비롯한 아시아의 젊은이들은 빠른 음악과 격렬한 춤 동작, 열정적인 한국의 댄스그룹에 열광하고 강렬한 색채의 한국 드라마에 푹 빠져 한국 문화의 소비주체로 떠오르고 있다. '한류(韓流)' 란 최근 몇 년 사이 중국, 타이완, 베트남, 홍콩 등 동남아시아에서 번지고 있는 한국 대중문화(음악, 드라마, 영화, 패션 등) 돌풍을 의미한다. 1999년 11월 클론과 2000년 HOT의 베이징 콘서트 대성공으로 인해 중국 언론에 한국 문화와 한국 마니아를 뜻하는 '한류'와 '합한족(哈韓族)'이라는 신조어가 생기게 되었다. 한류의 영향으로 2000년대부터는 한국음악이 중국에서 유행을 하기 시작하였는데. HOT, 클론, 안재욱, NRG에서 시작한 유행음악에서 장나라의 첫 앨범은 중국에서 100만장의 판매기록을 보이기도 했다. 특히 1998년 HOT의 '행복', 클론의 '쿵따리 샤바라' 등이 인기를 얻으면서 이후에 한국 가수들이 중국으로 많이 진출해 지금까지 활발한 활동을 선보이고 있다. 이러한 활동은 경제적인 측면에서도 콘텐츠로 대표되는 신경제의 활성화가 제시되고 있는 상황에서, 한류는 이미 여러 가지 부가가치를 창출해 내고 있고, 앞으로도 더욱 더 많은 부가가치를 낼 수 있다는 점에서 주목을 받고 있다.

최근 한국 대중음악 가수들이 전 중화권에서 최고의 인기를 얻게 된 배경에는, 1980년대 이후부터 중국어로 번안된 많은 한국 가요들이 젊은이들 사이에서 많이 불려지면서 젊은 중국인들은 한국어를 배우고자 하는 붐이 일어나면서이다. 그 중 장국영의 '친구여(愛在深秋)', '손에 손잡고(心手相連)' 등과 1990년대 말 한국의 빠른 댄스음악들이 번안되어 좋은 호응을 얻자, 한국 가수들은 대형 콘서트 개최를 통해 중화권에 진출하기 시작하였다. 최근 중국에는 한국 음악만을 소개하는 라디오방송 프로그램 '서울음악실(漢城音樂堂, 1997년 시작)', 그리고 여러 차례의 한국 가수 콘서트를 계기로 한류가 '폭발'하기 시작하였다. 그리고 '난 송승헌이 아니야(我不是宋承宪, 2006)'라는 노래에서도 한국 대중 스타가 중국인에게 준 영향을 알 수가 있다.

한류는 각 지역의 문화적인 측면에 따른 인식정도에 따라 받아들여지는 부분에서 약간의 차이가 있는데, 대만은 드라마가, 중국은 10대 청소년들을 사로잡고 있는 댄스그룹들의 음악이, 홍콩은 영화에서 커다란 성과를 올렸다.

● 난 송승헌이 아니야(我不是宋承宪, 2006)

你要我含情默默對你說出 '사랑해'

넌 내게 마음을 담아 묵묵히 너에게 '사랑해'라고 말해주길 원하지

常埋怨我們之間缺少韓劇的畫面

늘 우리에겐 한국드라마 속의 장면이 부족하다고 불평해

你要我一整天背著你赤腳走海邊

넌 내게 하루 종일 널 업고 맨발로 해변을 거닐기를 원하지

命令我每一天只吃韓國泡面

내게 매일 한국 라면만 먹으라고 명령해

我不是 宋承憲

난 송승헌이 아니야

不懂生死不諭的誓言

죽음도 갈라놓을 수 없는 맹세가 뭔지 몰라

我喜歡用簡單字眼敍述對你的迷戀

난 간단한 말로 너에 대한 사랑을 서술하지

我不是 宋承憲

난 송승헌이 아니야

不懂製造煽情生死戀

생사를 건 사랑은 할 줄 몰라

我只能用僅有呼吸換你快樂 每一天

난 그저 내 호흡을 다해 매일 너의 즐거움으로 바꾸어줄 수 있을 뿐이야

親愛的女孩 我不是偶像派

My Love, 난 우상파(아이돌 스타)가 아니야

要明白 實力比較吃得開

하지만 내 실력도 비교적 통한다는 걸 알아줘

我的愛 輕鬆自在

내 사랑은 가볍고 자유로워

請把心蔽開 你會發掘其實我也不賴

7. 나오는 말

한국과 중국은 현재 경제, 외교 영역에서 매우 밀접한 관계를 유지하고 있다. 그리고 경제와 외교 관계의 밀착은 문화적 측면에의 활발한 교류를 견인하는 역할을 한다.

2012년 한중 수교 20주년을 맞아 양국 정부는 다양한 문화행사를 계획하고 진행중에 있다. 문화적인 측면에서의 교류가 활발한 이유는 두 나라가 지리적으로 인접해 있어 인적왕래가 용이했고 한중 양국이 오랜 기간을 거쳐 형성된 역사적, 문화적 친근감이 있었기 때문일 것이다. 뿐만 아니라 중국내 한국의 방송드라마와 대중음악에서부터 시작된 한류 열풍은 단순히 대중문화적인 차원을 넘어서 한국어, 음식, 패션, 관광 등 한국인의 생활양식과 관습까지 수용하려는 현상이 확산되면서 양국간 문화적인 측면에서의 교류는 더욱 활발해지고 또 더 넓게 확대되어 갔다.

최근에는 인터넷 등의 뉴미디어를 통한 양국간의 직접적인 의사소통도 증가하고 있을 뿐만 아니라 한류와 한풍은 중국내 K-POP의 열풍을 통해 확산되어 가고 있으며 이를 통한 문화적 측면에서의 지속적인 발전을 가져다 줄 것이다.

  하지만 또 다른 한편으로는 양국간의 교류 증대에 따른 부정적인 정서가 표출되는 사례도 나타나고 있는데, 이러한 부분에 대한 감정적인 대처보다는 서로의 문화를 받아들이는데 있어서의 인식의 차이를 잘 극복하고 여러 분야의 교류를 통해 양국 모두 함께 발전해 나갈 수 있는 지속적인 노력을 계속해야 할 것이다.

참고문헌과 읽을거리

『한·중 문화교류 활성화 방안 연구』, 문화체육관광부, 2010.

강재식, "한류문화의 활성화를 통한 문화산업 증진 방안에 대한 연구: 중국 내 한류를 중심으로," 경희대학교 경영대학원, 2011.3.

공봉진, 『중국지역연구와 현대중국의 이해』, 오름, 2007.

공봉진·이강인·조윤경, 『한권으로 읽는 중국문화』, 산지니, 2010.

김노희, "한중 문화교류의 현황과 사회적 영향", 『현대중국연구』 제9집 제2호, 2007.

김동하, 『차이나 소프트 파워』, 서울: 무한, 2011.

김병철·이지윤, "개혁개방 이후 중국 문화산업정책 및 인력", 『국제노동브리프』 2012 5월호.

김평수·윤홍근·장규수, 『문화콘텐츠 산업론』, 커뮤니케이션북스, 2012.

동 동, "한류의 확대를 위한 중국의 한류드라마에 관한 연구", 동명대학교 대학원, 2010.

郎咸平, 『부자 중국 가난한 중국인』, 미래의 창, 2010.

문철우, "중국 영화산업구조와 한국영화 진출성과의 분석", 『국제경영리뷰』 제15권 제2호, 2011.

박래정, "2008년 중국경제 8대 이슈", 『LG Business Insight』, 2007.12.

박영환, "문화현상으로 본 현대 한중문화의 교류와 충돌", 『中國學報』 제63집, 2010.10.

선정규, "중국 문화산업 정책의 특징과 전략적 목표", 『한국학연구』 제37집, 2011.6.

유세경·이석·정지인, "중국 일간지의 한류 보도에 나타난 프레임 분석 – 2001년~2010년 기간에 보도된 기사 분석을 중심으로", 『한국언론정보

학보』 통권 57호, 2011.2.
유재기, 『수교이후 한중문화교류사』, 대가, 2009.
이경희, "중국 문화민족의와 그 실천전략", 『한국동북아논총』 제52집, 2009.
이욱연, "중국의 문화대국 전략-그 내용과 한국에 대한 영향을 중심으로", 『東亞研究』 제56집, 2009.2.
이주노, "중국의 사회주의 시장경제와 문화정책에 대한 연구", 中國人文學會 國際學術大會, 2009.
이충민, "중국영화정책의 변화에 따른 한국영화의 대응방안 연구", 『중국학연구』 제50집, 2009.
이태환, "17차 당대회의 의미와 후진타오 집권 2기 정책전망", 『정세와 정책』, 2001 11월호.
임민경, "12.5기간 중국의 문화산업 정책과 과제", 『INChinaBrief』 Vol.214, 2012.3.
정영식, "중국문화산업 시장참여자 연구: 3C(Company, Customer, Competitor)를 중심으로", 『현대중국연구』 제1집 1호, 2009.
조준현, 『영화로 읽는 중국 역사와 경제』, 부산대학교, 2009.
한국콘텐츠진흥원, "중국 문화코드 연구-드라마를 중심으로", 『KOCCA 연구보고서』, 2010.
한홍석, "중국 문화산업의 제도적 특징과 발전", 『현대중국연구』 제6집 2호, 2003.
허윤무, "韓中 양국의 文化産業 클러스터 現況과 發展戰略", 중앙대학교 대학원, 2012.
楼宇烈, 『중국의 품격』, 에버리치 홀딩스, 2007.

http://www.gon,cn
http://www.hinews.cn/ (2012.5.16)
http://www.sina.com.cn (2011.10.26)
http://www.eastmoney.com (2012.6.13)
http://www.cbt.com.cn/ (2012.6.13)
http://member.pressian.com (2009.10.9)
http://blog.naver.com./ (대중문화연구소)
http://news.xinhuanet.com/politics/2011-12/31/c_111350298.htm (2011.12.31)
http://www.arbit.co.kr/ (2007.10)

찾아보기

공봉진

현) 曁兒중국연구소 소장
　　부산외국어대학교 중국어학부·중국지역통상학과 외래교수

『중국지역연구와 현대중국의 이해』(2007)
『(이슈로 풀어본) 중국의 어제와 오늘』(2009)
『중국 민족의 이해와 재해석』(2010)
『한 권으로 읽는 중국문화』(공저, 2010)
『중국공산당(CCP) 1921~2011』(2011)

「고대 중국의 '화하족'과 '동이족' 기억 만들기」(2009)
「중국 지방학과 구역문화에 관한 연구」(2009)
「중국 정치 개혁에 관한 연구: 후진타오 2기 정부를 중심으로」(2010)
「중국의 개인인권변화에 관한 연구: 호구제도와 독생자녀제를 중심으로」(2011)

최낙창

현) 부산외국어대학교 중국어학부 외래교수

「생활체육으로서 태극권의 발전가능성 모색」(2006)

이상숙

현) 부산외국어대학교 중국어학부 외래교수
　　가야대학교 국제교육원 초빙교수 역임

『중국 속의 작은 나라들: 중국소수민족들의 금기와 생활예절』(공저, 2006)

「何香凝의 사회인식과 중국여성운동에 관한 연구」(2006)
「상해시 신 호적정책의 내용과 배경 분석」(2010)
「중국의 호적제도 개혁에 관한 연구-상하이시, 광둥성, 충칭시, 청두시를 중심으로」(2012)

박미정─────────────────────────────────────

　현) 부산외국어대학교 중국어학부 외래교수

　『중국 속의 작은 나라들: 중국소수민족들의 금기와 생활예절』(공저, 2006)

　「중국의 석유에너지 수급정책에 관한 연구」(2006)
　「중국 석유수급정책과 대외에너지외교」(2008)
　「중국 신재생에너지 현황과 정책 및 시사점」(2012)

이강인─────────────────────────────────────

　현) 부산외국어대학교 중국어학부・중국지역통상학과 외래교수
　국립 부산대학교 중국연구소 연구원 역임
　국립 부경대학교 국제지역연구소 연구원 역임

　『세계변화 속의 갈등과 분쟁』(공저, 2008)
　『현대중국사회』(공저, 2009)
　『한 권으로 읽는 중국문화』(공저, 2010)

　「중국 영화의 제5세대와 제6세대에 대한 고찰」(2008)
　「희곡 <뇌우>와 영화 <황후화>에 나타난 서사구조와 시공간 그리고 인물의 확장비교」(2009)

오혜정─────────────────────────────────────

　현) 부산외국어대학교 중국어학부 외래교수

　『중국 속의 작은 나라들: 중국소수민족들의 금기와 생활예절』(공저, 2006)

　「동북공정에 나타난 중화사상의 현대적 변용」(2006)
　「개혁개방 이후 중국문화산업의 정책적 발전과 주요특징에 관한 연구」(2012)

韓中수교 20년

(1992-2012)

초 판 인 쇄 | 2012년 10월 19일
초 판 발 행 | 2012년 10월 19일

지 은 이 | 공봉진·최낙창·이상숙·박미정·이강인·오혜정
펴 낸 이 | 채종준
펴 낸 곳 | 한국학술정보㈜
주   소 | 경기도 파주시 문발동 파주출판문화정보산업단지 513-5
전   화 | 031) 908-3181(대표)
팩   스 | 031) 908-3189
홈 페 이 지 | http://ebook.kstudy.com
E-mail | 출판사업부 publish@kstudy.com
등   록 | 제일산-115호(2000. 6. 19)

ISBN   978-89-268-3849-5 93330 (Paper Book)
          978-89-268-3850-1 95330 (e-Book)

내일을여는지식 은 시대와 시대의 지식을 이어 갑니다.